STUDY OF CHINESE INTERNATIONAL
EDUCATION FROM A CROSS-CULTURAL PERSPECTIVE

跨文化视域下汉语国际教育研究

李 睿 冷冰雪 王 锐 ◎ 主编

图书在版编目（CIP）数据

跨文化视域下汉语国际教育研究 / 李睿, 冷冰雪, 王锐主编. — 哈尔滨：哈尔滨出版社, 2020.11
ISBN 978-7-5484-5434-2

Ⅰ. ①跨… Ⅱ. ①李… ②冷… ③王… Ⅲ. ①汉语—对外汉语教学—教学研究 Ⅳ. ①H195.3

中国版本图书馆CIP数据核字（2020）第141854号

书　　名：跨文化视域下汉语国际教育研究
KUA WENHUA SHIYU XIA HANYU GUOJI JIAOYU YANJIU

作　　者：李　睿　冷冰雪　王　锐　主编
责任编辑：姚春青
责任审校：李　战
封面设计：左图右书

出版发行：哈尔滨出版社（Harbin Publishing House）
社　　址：哈尔滨市松北区世坤路738号9号楼　邮编：150028
经　　销：全国新华书店
印　　刷：北京军迪印刷有限责任公司
网　　址：www.hrbcbs.com　　www.mifengniao.com
E-mail：hrbcbs@yeah.net
编辑版权热线：（0451）87900271　87900272

开　　本：787mm×1092mm　1/16　印张：14　字数：200千字
版　　次：2021年1月第1版
印　　次：2021年1月第1次印刷
书　　号：ISBN 978-7-5484-5434-2
定　　价：48.00元

凡购本社图书发现印装错误，请与本社印制部联系调换。
服务热线：（0451）87900278

前言 PREFACE

伴随着全球化进程的推动和世界文化的多元发展,大力推广本国语言,传播本国文化已成为世界各国语言教育的共同价值取向。汉语国际教育是促进汉语国际推广,传播中国优秀文化的主要途径,它强调以语言的理解和运用为前提,整合中国丰富多彩的文化资源以适应外国学习者的学习需要,为不同文化背景的学生创造汉语学习和文化理解的机会,以促进语言文化传播,增进国际理解和合作,实现语言和文化的多元发展。

汉语中蕴含着丰富的文化信息,是影响外国学生汉语习得的重要因素。中国文化历史悠久,具有巨大的合理性内核,能为当今世界提供优秀的文化资源。弘扬中国文化,有助于树立中国国际形象,提升文化软实力。

文化理应纳入汉语国际教育教学体系,使教学反映语言和文化相结合的特性。然而,当前在汉语国际教育教学中主要采用以语言教学为核心的教学模式,这导致外国学生在汉语学习中常常遇到文化的障碍,也缺乏对中国文化的理解和认同。因此,在当前文化发展机遇与挑战并存的时代背景下,汉语国际教学应将中国文化精华有机地融入现行教学体系中,以表达语言和文化融合的观点,并保持中国文化的必要张力,构建语言与文化相结合的汉语国际教育体系。这不仅有助于我国汉语国际教育理论的丰富和充实,并对对外汉语教学改革实践提供理论指导,也可以为国家文化发展战略提供现实支持。

随着汉语国际教育传播的深入,传播者和学者越来越认识到,要让接受者具备和汉语母语使用者一样的水平是不现实的,以母语者的语言文化模式为参照标准的交际能力被认为是既不可行又不可取的教学目标。即比起培养接受者的语言能力,更重要的是要培养接受者的社会交往能力和文化能力。在此背景之下提出将跨文化交际能力作为汉语国际教育传播的新目标。

汉语国际教育传播不应该沦为文化工业制造机器,一味创造被大众消费的文化产品,而应该立足于中国特有的文化身份进行传播,以全球化时代下更广泛的文化认同为目的,帮助接受者建立除了教材以外的,真实的语言环境,真实的中国人的生活文化等,使接受学习者有更深层次的理解和认同能力,认同文化差异,接受中国文化,从而消除交流中的障碍。

目录 CONTENTS

第一章 汉语国际教育概论 ··· 001
- 第一节 汉语国际教育概念 ··· 001
- 第二节 汉语国际教育的主要教学主体 ··· 009
- 第三节 汉语国际教育的传播学表现 ··· 025
- 第四节 汉语国际教育中文化教学的传播性 ··· 033
- 第五节 汉语国际教育中文化教学和传播学结合的研究现状 ··· 041

第二章 文化理论与汉语国际教育 ··· 046
- 第一节 文化对话与汉语国际教育 ··· 046
- 第二节 跨文化交际与汉语国际教育 ··· 050
- 第三节 跨文化美育与汉语国际教育 ··· 053

第三章 跨文化视域下汉语国际教育第二语言习得 ··· 058
- 第一节 语言教学与第二语言教学理论 ··· 058
- 第二节 汉语作为第二语言的需求特点 ··· 062
- 第三节 北美学生汉语习得 ··· 064
- 第四节 欧洲学生汉语习得 ··· 066
- 第五节 亚洲学生汉语习得 ··· 068

第四章 跨文化视域下汉语国际教育的汉语教学 ……071
第一节 跨文化视域下汉语国际教育的语音教学 ……071
第二节 跨文化视域下汉语国际教育的词汇教学 ……074
第三节 跨文化视域下汉语国际教育的语法教学 ……077

第五章 跨文化视域下汉语国际教育的文化教育 ……081
第一节 历时文化与共时文化 ……081
第二节 民族文化与地域文化 ……083
第三节 交际文化与知识文化 ……086
第四节 词语文化和非词语文化 ……090

第六章 跨文化视域下汉语国际教育传播 ……093
第一节 全球化视角下的中国文化传播问题 ……093
第二节 汉语国际教育传播媒介和受众的互动关系 ……135
第三节 跨文化视域下汉语国际教育传播媒介的传播方式 ……148

第七章 跨文化视域下汉语国际教育国别化案例——孔子学院 ……179
第一节 孔子学院与汉语国际教育 ……179
第二节 美国孔子学院汉语国际教育 ……189
第三节 英国孔子学院汉语国际教育 ……198
第四节 加拿大孔子学院汉语国际教育 ……202
第五节 韩国孔子学院汉语国际教育 ……208

参考文献 ……213

第一章 汉语国际教育概论

第一节 汉语国际教育概念

一、汉语国际教育定义

"汉语国际教育"是在汉语国际推广的新形势下,对"对外汉语教学"的补充、延伸和发展,是在全球化背景下,对"汉语教育"的重新定位。我们通常用"对外汉语教学"来指称"在国内对来华留学生进行的汉语教学",用"汉语国际教育"指称"在海外把汉语作为外语的教学"。然而,我们也不能忽视这一趋势,那就是"汉语国际教育"正在逐渐成为涵盖和统筹国内和国外两种语境下的汉语教育的定名。汉语国际教育是近年来广泛见诸高等教育领域的一个新兴概念。单纯就名词性术语看,其有据可考的第一次提出可追溯到2007年3月30日,国务院学位委员会第二十三次会议审议通过的《汉语国际教育硕士专业学位设置方案》。方案提出:"为提高我国汉语国际推广能力,加快汉语走向世界,改革和完善对外汉语教学专门人才培养体系,培养适应汉语国际推广新形势需要的国内外从事汉语作为第二语言/外语教学和传播中华文化的专门人才,决定在我国设置汉语国际教育硕士专业学位。"与此同时,方案对汉语国际教育做出界定:"汉语国际教育是指面向海外母语非汉语者的汉语教学。"定名为汉语国际教育,既能体现汉语加快走向世界的内涵,又有别于国内双语教学中的汉语教育,还可避免推广一词可能引发的负面影响。

汉语国际教育是一种以汉语言(文)教学为核心的人才培养活动。

对其内涵的理解应以教育问题探讨的一般规律为准绳,系统考虑其概念、施教主体、受教对象、教学材料等内容。从现有概念展开,我们对汉语国际教育内涵的理解,中心节点在于把握海外这个概念。海外一词,最早见于《吕氏春秋通诠·审分览·审分》,本意为四海之外,泛指边远之地。演进及今,海外一词可与国外作同一理解,并相通用,具有对象指向的国家主体性和地域指代的相对性特征。如以中国为主体,非中国就是海外,而海外作为主体时,中国同样也是非中国的海外。①

汉语国际教育是国家软实力建设的一个有机组成部分,其从国家汉语推广战略演进而来。虽然汉语国际教育的目的在于汉语文传播和中华文化在世界范围内的对等交流,但作为一项国家事业,这一活动本身具有明显的主、客体之分。将前述的海外一词还原到本书所探讨的汉语国际教育概念中,这一国家事业的主体(施教主体)即为中国,所以在这里,海外指的是非中国。依此类推,汉语国际教育定义中的面向海外就等同于面向世界范围内的非中国区域,进一步看,汉语国际教育中海外一词是用来修饰母语非汉语者的,其展开的全部意义为海外的母语非汉语者。这里的海外还具有与国籍相对应的内涵,即它是面向非中国区域的母语非汉语者,而不包括中国区域内的母语非汉语者(有利于区别国内的双语教学)。综合来看,汉语国际教育应理解为:以中国为施教主体,以海外母语非汉语者为施教对象的以汉语文教学为中心的培养人的活动。

从现有定义展开,我们只能将汉语国际教育理解为针对非中国区域内的母语非汉语者进行汉语教学活动,这就容易产生诸多模糊认识和困惑。例如,当前在中国境内已经取得中国国籍的母语非汉语者的汉语学习是否属于汉语国际教育;汉语国际教育是否必须以中国为动作发出主体;普通民众是否可以在这种实践活动中获得代表国家的资格(即由中国人在国外大学里开设的汉语课程、东南亚国家的汉语教

---

① 姚喜明,张丹华."一带一路"背景下的汉语国际教育[M].上海:上海大学出版社,2019.

育是否应该归属汉语国际教育的问题）；汉语国际教育是一种培养人的活动还是作为一门学科知识领域的专业；汉语国际教育的内容、层次、形式如何规定，是专属于高等教育领域还是囊括从简单的汉语识字到汉语语言研究的所有层次？这些认识都是在汉语国际教育实践中需要进一步明确的。

汉语断句习惯产生的歧义也给对"汉语国际教育"的理解带来一定的偏差。国务院学位委员会在《汉语国际教育硕士专业学位设置方案》中对汉语国际教育的相关规定，无疑是认识和理解汉语国际教育的核心依据，即"汉语国际教育是指面向海外母语非汉语者的汉语教学"。在汉语语言习惯的影响下，人们习惯于在"面向海外"或"面向海外母语非汉语者"的几个地方将句子断开。不同的断句方式，其意义大相径庭，极易造成对汉语国际教育内涵的模糊认识和错位解读。如以面向海外为界，人们很容易错将汉语国际教育理解为面向海外（动作发生地在中国）进行，误以为只有在中国进行的，针对海外的非汉语母语者开展的汉语教学活动才算是汉语国际教育。这样一来，作为当前我国汉语国际推广重要形式的孔子学院就被排除在汉语国际教育之外，这明显背离汉语国际教育概念提出的初衷，因为孔子学院、孔子课堂是汉语国际推广走出去的重要载体，是汉语国际教育的核心组成。

汉语教学的理解偏差也在一定程度使汉语国际教育陷入多概念等同的误区。汉语国际教育与海外汉语教学、对外汉语教学、国际汉语教学既一脉相承，又有所差别。海外汉语教学即对世界各地母语非汉语的外国学习者开展的汉语教学活动；对外汉语教学是一门学科，具体指对来华留学生开展的汉语教学活动；国际汉语教学指的是在中国本土进行的对外汉语教学以及国外所有的把汉语作为第二语言的教学活动。当前几个概念的混用，甚至是等同的情况屡见不鲜。华语教学、中国语教学、中文教学、欧美国家大学开设的汉语课程、西方国家的HSK培训等教育教学形式,并非完全都是汉语国际教育。汉语国际教育是一项以汉语言传播为基础的国家事业,其由中国国家汉语国际推广小组办公室(以下简称"国家汉办")主导。以上几个概念和实践虽然均以汉语教学为主,但性质、主体、对象、范围都存在差别。

认识的模糊性及理解偏差的问题是汉语国际教育在概念的确立上理应解决但未能完全解决的问题。对汉语国际教育内涵认识的深化有助于理清并丰富其尚未展开的全部概念。从汉语国际教育的动作发出主体看,汉语国际教育是面向海外母语非汉语者进行的,这一动作的发出主体是中国,即只有中国这一特定的动作发出主体对非中国区域内的母语非汉语者所进行的汉语教学活动才能称为汉语国际教育。

从汉语国际教育的动作发生地来看,汉语国际教育强调对海外的母语非汉语者进行,故此动作发生地既可以是中国,也可以是非中国地域。即只要是由中国这一主体发出的,对非中国范围内母语非汉语者进行的汉语教学活动,无论动作发生地是否在中国,其都属于汉语国际教育。

从汉语国际教育的动作对象指向看,汉语国际教学针对海外母语非汉语者进行。顾名思义,其动作对象指向是非中国国籍的母语非汉语人群。

从汉语国际教育的教学材料看,汉语国际教育其实是汉语言文学国际教育。汉语国际推广的目的是使国外学习者通过学汉语达到对中国文字、文化、文学、文章技法的把握。所以,我们的汉语国际推广,其实是汉语文推广,即汉语文是汉语国际教育的基本教学材料。

从语言学的角度看,中文语句的核心是主谓成分或主谓宾成分,句中修饰性、限定性成分内容的省略无碍于人们对句子本意的理解。在"汉语国际教育是指面向海外母语非汉语者的汉语教学"这个句子中,其主语是"汉语国际教育",谓语为"是",宾语是"汉语教学",去掉其中的限定性表达就是"汉语国际教育是汉语教学"。教育与教学是两个非等同的概念,教育泛指一切培养人的活动,教学(狭义)专指课堂上教师的教和学生的学的活动。

从这个意义上看,将汉语国际教育与汉语教学相对等的提法显失合理,虽然这并不影响汉语国际教育的发展。我们的理解是,汉语国际教育理应被看作是一个专门的知识领域,走专业化发展道路是提高汉语国际教育水平的重要途径。它是多种汉语教学形式、多个汉语教学层次、多种汉语教学类别的综合体,可以囊括从小学到研究生教育的所有层次,包含语言培训、汉语文研究等多个教学形式,可以依托孔子学院、孔子课堂、高等学校等不同的载体展开。

二、汉语国际教育与汉语国际推广

汉语国际推广作为国家大外交战略的一个组成部分,提出的发展目标是实现三大转变:一是对外汉语教学向全方位汉语国际推广转变;二是从请进来学汉语向同时加大汉语走出去力度转变;三是从专业汉语教学向大众化、普及型、应用型教学转变。可见,这一概念的提出并非为世界范围内的汉语教学找一个共通的概念,而是在于探寻一种与请进来相结合的以走出去为主的汉语教学模式,服务于国家汉语国际推广战略。从这个意义上看,汉语国际教学不应该被看作是取代对外汉语教育的高级阶段,而应该看作是对外汉语教学的一种延伸。汉语国际教育与对外汉语教育是同一个体系的两个方面,具有多样化、多层次、普及性的教学形式特征。

2004年起,随着国家相关政策的调整,对外汉语教学开始向汉语国际推广转型,孔子学院在世界各地遍地开花,截至2019年12月,孔子学院已创立15周年,全球已有162个国家建立了550所孔子学院和1 172个中小学孔子课堂。海外汉语教育的迅速发展,使得"对外汉语教学"这一说法越来越不能适应汉语国际教学发展的需要,"汉语国际传播""汉语国际教育""国际汉语教学"等说法开始被越来越多的人认可并使用。尤其,2007年我国开始设置"汉语国际教育硕士专业学位",2012年更是将原有的"对外汉语"本科专业更名为"汉语国际教育"本科专业,从学科定名的变化也可以发现,"对外汉语教学"的说法正在被逐渐淡化,"汉语国际教育"正逐渐取代它成为涵盖国内和国外汉语教学的名称。而且"汉语国际教育"的内涵和外延比之更加丰富,不仅包括国际范围内的汉语教学,而且包括汉语教学的研究、汉语教师的培养、汉语教材的开发、中国文化在世界范围内的传播等。随着汉语国际推广事业的进一步发展,汉语国际教育的内涵将会更加深刻,外延将会更加广博。

汉语国际教育既是一门学科,又是一项事业。作为一门学科的汉语国际教育正在往越来越成熟的方向发展,从学科定位到培养目标再到课程设置都非常清晰,培养了一批又一批优秀的国际汉语教师和汉语国际教育研究人员,为汉语的国际推广输送了大量人才,加快了汉语国际传播的步伐。作为一项事业的汉语国际教育,经过多年的发展取得的成就也有目共睹。海外汉语学习需求不断增加,孔子学院和孔子课堂的数量迅速增加,已在全球一百多个国家落地开花。无论是来华留学生还是海外学习者的人数都保持持续增长的势头,针对华人华侨的汉语教育也开展得丰富多彩、如火如荼。国家汉办每年选派的汉语教师志愿者的规模不断扩大,各国本土汉语教师队伍也在不断壮大。汉语教材和教学资源日益丰富、多元,满足不同语种、不同层次以及不同阶段汉语学习者的需求。汉语国际传播的媒介和渠道不断拓宽,网络孔子学院、广播孔子学院、电视孔子学院等的成立,为世界各地的汉语学习者提供丰富的汉语课程和汉语学习资源,方便学习者随时随地学习汉语。汉语国际教育领域的研究也日趋成熟深入,研究成果层出不穷,日渐成为一个独立的学术研究领域。

在语言推广成为提升国家软实力的时代背景下,汉语国际教育概念避免了汉语国际推广可能引发的负面影响,这一提法和活动本身的价值是不容否认的,但因现有定义解释的非明确性在学界见仁见智的理解中,或明显不属于汉语国际教育的活动被纳入汉语国际教育中来,或与汉语国际教育完全等同的内容被排除在外,典型的如对外汉语教学、汉语国际教育、国际汉语教育、汉语教育等概念的混用,不仅有碍汉语国际教育的学理探讨,还在一定程度上影响汉语国际教育的实践。本节以国务院学位委员会的汉语国际教育提法为依据,从概念推演和内涵思辨的角度,管窥汉语国际教育的内涵,并尽可能系统地分析其在认识上的模糊性及理解的偏差,力求为汉语国际教学理论探究和实践活动提供参考和借鉴。

"汉语国际传播"可以包括主动性和自然性两种形态,前者就是"汉语国际推广";"汉语国际推广"可以包括教育性和非教育性两种形态,前者就是"汉语国际教育";"汉语国际教育"可以包括语言性和非语言性两种形态,前者就是"对外汉语教学";"对外汉语教学"可以包括面向华裔和非华裔两种形态,前者就是"汉语教学"。其中自然有渗透,但是大致还是有一定的脉络。在这样一个行为系统中,"面向华裔的汉语教学"和"面向非华裔的汉语教学"是基础的工作。而"面向华裔的汉语教学"和"面向非华裔的汉语教学"工作应该注意到不仅仅是语言的教学,更应该提升到"汉语国际教育"的层面,加强文化、社会的含量。而"汉语国际教育"是各种概念中最具有积极意义,最容易为世界所接受的概念。因此,应该以"汉语国际教育"为学科的标志。

不过,"汉语国际教育"就其本质来说,也是一种主动性的推广行为。汉语如今在国际上的地位与日俱增,要快速实现国际传播,仅仅在语言教学的进程中只想到教育学怎么样、应用语言学怎么样是远远不够的,需要更多地考虑市场的开发。也就是必须创造性地研究如何尽可能地动员从政府到社会的各种力量,在充分研究目标"传播"人群的接受心理与需求的基础上,主动地"推广"。只是这一"汉语国际推广"的联想意义不如"汉语国际教育"和"汉语国际传播"那么积极、平和。因此,在技术上应该是努力"推广",而在口号上,却应该淡化"推广"。任何"推广"都是"传播",因此以"传播"为核心概念,以"传播学"为理论基础,便构成了"汉语国际教育"研究的宏观理论分析框架。

汉语国际教育不仅是一个教育行为,一个教学行为,而且是一个"国际传播"行为。因此,需要以"传播"为核心概念,有效地构拟出一个宏观的分析框架,以能够真正地在既充分注意到中国的后发地位和汉语的既有国际地位,又注意到世界各国对汉语国际教育的接受态度及其政策条件,有效地把握汉语国际教育的宏观模式,为落实汉语国际教育提供切实可行的建议。然而,以孔子学院为领头羊的汉语国际教育经过多年令人惊叹的迅猛发展,在全世界掀起"汉语热"的同时,各种质疑的声音接踵而至,甚至接连出现关闭孔子学院的事情。因此,我们十分有必要反思和调整汉语国际推广的策略,积极应对和化解国际社会对我国汉语国际教育的质疑和偏见。今天,汉语国际教育发展的重点不应该继续放在追求数量和速度上,而应该放到更加注重"质"的内涵式转型和调整上,确保汉语和中华文化的有效传播,提升汉语和中华文化在国际上的好感度和实际影响力。

综上所述,我们认为:汉语国际教育是面向海外母语非汉语者的汉语教学活动的总称,其动作主体是中国,动作发生地点可以是中国或非中国的任意区域,动作指向对象是母语非汉语者(不以国籍为限)。在汉语国际教育实践中,个人不能代表国家作为施教主体发起汉语国际教育,但是可以获得国家的汉语国际教育教师资格授权,从事汉语国际教育的教学工作。只要满足了汉语国际教育施教主体、受教主体、教学材料的要求,就可以以任何形式进行教学,无论是远程教育、函授教育、一对一汉语培训,还是高等学校集中办学,或者是孔子学院和孔子课堂的模式,无论是低层次的汉语培训、语言学习,还是较高层次的汉语文研究,都是汉语国际教育的有机组成部分。

第二节 汉语国际教育的主要教学主体

汉语国际教育的主要教学主体可分为国内大学、国内营利性汉语培训机构、在华国际学校。本节主要介绍以上三个教学主体教学发展概况。

一、国内大学汉语教学概况

从文化的视角研究对外汉语教学,不能回避语言和文化、语言教学和文化教学的关系。在对外汉语教学中,围绕着要教哪些文化、汉语的教学如何与文化的教学处理好关系等问题,展开了一系列的讨论。在这些讨论中,有两种观点值得注意:一是对外汉语教学中语言和文化的关系;二是对外汉语教学中的文化教学和对外汉语文化教学的区分。[①]

前者以林国立为代表,他认为对外汉语教学中语言和文化的关系应当是"上位与下位"的关系,文化涵盖了语言,语言只是文化的一个组成部分。他指出,"文化"和"对外汉语教学中的文化"不是同一个范畴的同一个概念,前者是"一个文化人类学范畴的概念",涵盖的范围和内容要深广得多,而后者是"一个语言教学范畴的概念",属于应用语言学的范畴。他对于"对外汉语教学中的文化"界定是"外国人学习和理解汉语,使用汉语与中国人打交道的时候需要掌握的那种'文化',是语言学习和使用过程中所涉及的文化"。我们认为,广义的文化确实包含了语言,语言是广义文化中的一种特殊文化,对外汉语教学中的文化不可能涵盖所有的文化内容,从这个角度看,"文化"和"对外汉语教学中的文化"确实不是同一回事。"对外汉语教学中的文化"受学科性质和目的的限制,区别于一般意义上的文化,其范围也要小

---
① 吴应辉. 汉语国际教育面临的若干理论与实践问题[J]. 云南师范大学学报(哲学社会科学版),2016(01):38-46.

得多。但是语言中所体现出来的文化本身就包含了文化的各个方面，历史地理、政治经济、文学艺术、日常生活等这些也在语言中有所反映，而且作为承担着文化传播作用的语言教学，这些内容都可以成为传播的对象。从这个意义上讲，"对外汉语教学中的文化"如果只是限定在"与语言学习和使用有关的文化"上，是对"对外汉语教学中的文化"的窄化。我们在这里探讨的"对外汉语教学中的文化"，既包括"与汉语理解和运用有关的文化"，也包含一切具有世界价值的中国特色文化。

对外汉语教学中的文化教学和对外汉语文化教学的区分，是张英在《对外汉语文化因素与文化知识教学研究》一文中提出来的。她将文化教学分为"文化因素"教学和"文化知识"教学两种，"文化因素"教学指的是存在于语音、语法、语义、语用等层面的文化内容，"文化知识"教学则是存在于社会交际规约中的文化内容。进而，又对"对外汉语教学中的文化教学"和"对外汉语文化教学"进行了区分，"对外汉语教学中的文化教学"承担的是存在于语言形式之内的"文化"，即"语言的文化要素"的教学，教学内容和范围应该在"语言"领域，属于文化语言学的研究范围，教学的目的是"排除"语言理解和运用方面的障碍。其教学是以"教语言"的方式进行。这种教学，本质上是属于"语言技能"或"交际能力"的教学。"对外汉语文化教学"承担的教学内容则大于"语言的文化要素"范围，教学目的是"克服"交际中可能出现的困难，以便能够顺利进行跨文化交际。其教学方式既不等同于操练性很强的语言技能教学，也不等同于母语环境中灌输式的"第一文化"教学，而应是"第二文化"教学独有的一种教学方式。

我们赞同张英跳出单一的"语言形式中的文化要素"，对对外汉语教学中不同层面的文化进行分类的方法，因为对外汉语教学中涉及的文化有点有面，有主有次，有先有后，不能"一锅煮"。但是，我们对"文化因素"和"文化知识"的分类持保留态度，且不管是"存在于语音、语法、语义、语用等层面的文化"也好，还是"存在于社会交际规约中的文化"也罢，还是以"与语言有关的文化"为主。这里所谈的"文化"包含了张英的上述两类文化，同时还包括了"具有世界价值的中国特色文化"的教学，统归为"对外汉语文化教学"的范畴。

作为专业背景最强、历史最长、经验最丰富的对外汉语教学主体，国内的各大高校的汉语教学也进入了一个快速发展和壮大的时期。高等院校的对外汉语教学占据了整个国内教学阵地的半壁江山。凭借强大的科研实力以及在政策和声誉方面的招生优势，国内大学纷纷迎着"汉语热"的浪潮，争先恐后地开办专门针对留学生汉语学习的课程和教学单位。根据官方权威机构中国高等教育学会外国留学生教育管理分会的统计，截至2018年年底，共有49.22万名留学生在中国高等院校学习，规模增速连续两年保持在10%以上，其中学历生25.81万人，占总数的52.44%，同比增幅6.86%。2018年共有来自196个国家和地区的各类留学人员，在全国31个省、自治区、直辖市的1 004所高等院校学习，其中硕士和博士研究生共计约8.5万人，比2017年增加12.28%。来华留学规模持续扩大，我国已是亚洲最大留学目的国。

留学生规模持续扩大，生源结构不断优化，中国政府奖学金吸引力不断提升，来华留学事业发展态势总体良好，向高层次高质量发展。

2018年，前10位生源国稳中有变，依次为韩国、泰国、巴基斯坦、印度、美国、俄罗斯、印度尼西亚、老挝、日本、哈萨克斯坦。数据显示，中国政府奖学金吸引力不断提升，引领来华留学向高层次、高质量发展。2018年共有来自182个国家的6.3万名中国政府奖学金生在华学习，占总数的12.80%。其中学历生5.66万人，占奖学金生总数的89.86%，硕博研究生合计4.40万人，占奖学金生总数的69.75%。

值得关注的是，来华留学生的专业结构不断优化。学习工科、管理、理科、艺术、农学的学生数量增长明显，同比增幅均超过20%。此外，2018年来华留学生中，自费生达42.91万人，占总数的87.19%。

今后,教育部将继续贯彻《国家中长期教育改革和发展规划纲要》精神,切实落实《留学中国计划》,进一步优化来华留学环境,注重规范管理,提高来华留学教育质量,争取到2020年全国当年外国留学人员数量达到50万,使我国成为亚洲最大的国际学生流动目的地国家。

随着我国教育水平的提高,来中国求学的留学生数量呈快速增长趋势。这样的情况不仅对全世界的汉语爱好者来说有了更多的选择机会,对国内的大学来说也是一个加强对外交流、扩大办学规模、丰富办学模式的良好机遇。国内留学生教育发展至今,包括西藏和新疆等少数民族自治区在内的几乎所有省份和地区的高校都有专门针对海外留学生学习汉语的课程。尽管如此,由于政治、经济发展的不平衡、不同地区教育资源和教育质量的不平衡以及地区方言的差异,来华留学生的分布也不平衡,大多数留学生集中在北京、上海、广州等一线城市以及东部沿海发达地区。中西部地区,尤其是少数民族地区的生源数量相比前者呈现出相当大的不足和缺口。由于地域发展的不平衡,中西部地区一些科研实力和综合实力较强的高校在招生上比东部的一些二线高校还要困难。

来华留学生当中,除了部分学生来自跟西部如云南、贵州等地区接壤的东南亚国家外,欧美和亚洲其他国家的留学生还是将北京和上海作为留学中国的首选地。首都北京作为政治、经济和文化交流的中心,加之普通话是以北京方言为基础的通用语言,留学生在课堂上学习的标准普通话在课后的实践生活中不会遇到方言的障碍;此外,北京拥有全国最强的高等教育资源和科研实力背景,多方面的原因综合在一起,使得北京成为海外来华留学生的第一考虑目标。上海是中国经济最发达的城市,其巨大的经济实力和特殊的海派文化吸引了来自世界各地的资本和人才。虽然听、说上海方言是来华留学生感到比较困难的地方,但是上海的综合实力和魅力依然吸引了数以万计的海外留学生选择上海的高校作为学习汉语的场所。

从科研背景和教学综合实力来看,北京语言大学无疑是对外汉语教学事业的先锋。北京语言大学创办于1962年,当时的校名为外国留学生高等预备学校,1964年6月由国务院批准定名为北京语言学院,1996年6月经国家教委(现教育部)批准,正式更名为北京语言文化大学,2002年7月经教育部批准简化为北京语言大学。它是中国唯一一所以汉语国际推广和对来华留学生进行汉语、中华文化教育为主要任务的国际型大学,同时对中外学生进行外语、汉语言文学、计算机科学、信息科学和金融学、会计学等专业教育,并承担着对外汉语教学师资培养,以及出国留学预备人员出国前的外语培训等工作。建校50多年来,已经为世界上176个国家和地区培养了16万名懂汉语、熟悉中华文化的留学生。目前,每年都有5000余名中国学生和来自近140个国家的10000多名留学生在这里学习。北京语言大学在中国从事汉语国际推广和中华文化教育的历史最长、规模最大、师资力量最为雄厚。目前,学校已形成特色鲜明、优势明显、结构合理、内容充实的学科体系,既有短期教育、速成教育、网络教育,也有本科生、硕士生、博士生教育,学科层次齐备,教育教学质量得到国内外的普遍好评。北京语言大学还编辑出版了《语言教学与研究》《世界汉语教学》《中国文化研究》等期刊。北京语言大学出版社迄今已出版各类教材3 000多种,在海内外产生了广泛影响,有100多个国家的各类院校和培训机构使用北京语言大学出版社出版的对外汉语教材。

除了北京语言大学之外,地处北京的中国高等学府包括北京大学、清华大学、中国人民大学、北京师范大学等一流高校都具备对外汉语教学的强大实力和悠久历史。在以社会科学领域见长的北京大学在对外汉语教学和理论研究方面也具有十分强大的实力。北京大学是中国从事留学生汉语教学历史最长的学校之一,1952年开始接收留学生,开展对外汉语教学。2002年6月29日,北京大学对外汉语教育学院成立,标志着北京大学的对外汉语教学进入一个新的历史时期。

北京大学对外汉语教育学院下设汉语精读教研室、汉语视听说教研室、选修课教研室、预科教研室、研究生教研室等5个汉语教学机构和一个研究中心。北京大学对外汉语教育学院拥有一支教学水平高、科研能力强、具有跨学科教育背景和国际化视野的教师队伍，在我国对外汉语教学和科研事业中发挥着重要作用。现有专职教师56人，其中教授9人，副教授34人，包括博士生导师8人，硕士生导师40多人。另外，学院还建设了一支相对稳定的兼职教师队伍，人数已达50人。该学院年均招收留学生2 000人次，包括长期进修生、短期进修生、预科生、特殊项目生等。学生来自世界五大洲70多个国家和地区。年均招收汉语言文字学与国际教育专业硕士、博士近百人。研究生课程建设逐步朝着丰富多样、研究型和应用型并举的方向发展。北京大学每年派遣约1/4的教师奔赴世界各地从事汉语教学、短期讲学或师资培训。赴外教师以汉语为桥梁，扮演了民间文化使者的角色。北京大学对外汉语教育学院与近20所世界知名大学建立了交流与合作关系，如英国牛津大学、剑桥大学，美国耶鲁大学、斯坦福大学、哥伦比亚大学、加州大学、西点军校、狄根森学院，日本早稻田大学，韩国庆熙大学、成均馆大学，荷兰莱顿大学，挪威奥斯陆大学，奥地利萨尔斯堡大学等，并与9所国外高校和教育机构合作建立了孔子学院。

在上海，高等院校的对外汉语教学阵地主要以复旦大学为主，上海交通大学、华东师范大学、同济大学、上海外国语大学、上海师范大学等高校也是来华留学生的热门选择。长期以来，复旦大学国际文化交流学院是复旦大学接受留学生和进行对外汉语教学的专门机构。20世纪80年代以后，来复旦大学学习的留学生人数增长较快，为适应留学生事业迅速发展的需要，复旦大学于1987年5月正式组建"国际文化交流学院"。初期的国际文化交流学院是一个集留学生教学、管理、后勤服务于一体的留学生院，其机构设置相应分成教学科研、行政管理、后勤服务三大板块。教学方面除原有的几个教研室以外，学院成立时又增设汉语第二教研室,之后又从两个汉语教研室中设置汉语第三教研室,随后新设教材教法研究室、语言文化教研室。复旦大学国际文化交流学院具备雄厚的学术实力,聘请古籍整理所章培恒、中文系顾易生、哲学系潘富恩等著名教授为兼职教授;成立汉语进修部,下辖三个汉语教研室,分别负责初级汉语、中级汉语、高级汉语的教学;成立语言文化部,下辖语言文化、中国文学、中国历史三个教研室,负责汉语言本科生、普通专业进修生的教学。

复旦大学国际文化交流学院经过多年建设,目前已形成一支学科结构与年龄层次比较合理、业务素质良好、教学经验丰富的对外汉语教师队伍。现有专职教师50多人,学术背景以汉语言文字学和对外汉语为主,同时包括文学、文化、历史、哲学、外语、经济、国际关系等各个方面。复旦大学在全国对外汉语教学界较早地打破了按学期划分的编班传统,创建了"零起点、八级次、两年制"的基础汉语教学体制,逐步形成了"细化级次,多层递进""小步走,连续教,两月上个新台阶"两个基本特征。学院组织编写了与此配套的汉语教学主干教材和口语、听力、泛读等分技能语言训练教材,制定实施了包括教学总体设计、课程设置、测试和评估等方面的一整套教学管理制度,建立了由教学经验丰富的老教师组成的教学督导制度(1999年5月建立,2004年2月改为教学指导小组)。这一独特的教学模式涵盖汉语言本科教学、汉语长期进修教学、汉语短期速成教学,其基本思路已为国家汉办所编制的《高等学校外国留学生汉语教学大纲》吸收。复旦大学一向重视对外汉语教材编写队伍的建设和对外汉语教材的编写。多年来,其国际文化交流学院先后编写出版了包括对外汉语教学主干课型教材、教学配套类技能训练教材、综合类文化教材、应试技能教材等各种类型的教材30多部,其中影响较大的有:《今日汉语》(共14册)、《新汉语课本》(共8册)、《标准汉语教程》(共12册)、《拾级汉语》、《新编汉语速成教材》(共6册)、《中国文化系列教材》(共7种)、《当代中文》(共14

册)等。

除了经济发达地区一线城市的大学外,全国的大学都在对外汉语教学事业发展的道路上稳步前进。东北地区的高校如吉林大学、大连理工大学等借助地理优势,吸引了大批来自韩国和日本的汉语留学生。一些中西部综合型高校凭借汉语语言学的学科优势、地区独特的地域文化和在西部大开发战略带动下快速增长的政治、经济文化实力,吸引着越来越多的海外留学生前来学习。如西南地区的四川大学、云南大学、西北地区的陕西师范大学、华中地区的华中师范大学,以及东南沿海地区的厦门大学、云南大学等,都在这个领域呈现蒸蒸日上的趋势。

四川大学海外教育学院是四川大学设立的专门从事国际教育的直属学院。学院从20世纪80年代中期就开始了来华留学生的招收和专业教育工作,留学生规模之大与留学生学习层次之高在我国西部地区的高校中,在当时及现在都是首屈一指的。四川大学海外教育学院现有学生800余人,其中来自35个国家和地区的留学生300人左右,也有来自全国各地准备赴美、英、澳、荷、法、韩、新加坡、马来西亚等国留学的学生400余人。学院拥有一大批经验丰富的教师,并形成了一套完整、科学和富有特色的课程体系,有严格的教学管理制度和经验丰富的管理队伍,教学条件有充分的保证。学院现招收培养对外汉语教学方向的硕士研究生、汉语言专业本科生、各类语言进修生;还向在成都地区工作的外国专家、教授、一级外国驻川领事馆工作人员、国际机构和跨国公司工作人员提供汉语培训,并开设面向学校其他专业外国学生的公共汉语课程;此外,学院还与国外高校和教育机构合作开设各类汉语言和中国文化假期班和短期强化班。

总的来说,国内现有的大学对外汉语教学呈现学科建设得到的支持越来越强大、生源越来越充足、地域分布越来越广、学生类型越来越丰富和教学模式越来越多样的特色,但也面临着地域分布不均衡、课程设置和教材建设尚需进一步完善的挑战。相信在所有对外汉语教学事业从业者的辛勤工作和不懈努力之下,我国高等院校的留学生汉语教学将会持续健康发展,进入一个蓬勃发展的新时期。

二、国内营利性汉语培训机构发展概况

我国对外汉语教学事业从20世纪50年代兴起以来,经历了初创阶段、巩固阶段、恢复阶段以及建立理论学科阶段,现在则进入了一个崭新的高速发展时期。随着"汉语热"的兴起,全世界越来越多的外籍人士开始学习汉语。据国家汉办的统计,目前全世界有3 000万人正在将汉语作为第二语言来学习。

现阶段我国对外汉语教学的主要阵地是60多所国内高校和300多所海外孔子学院。

除此之外,国内以公司或民办培训学校形式出现的汉语培训机构也如雨后春笋般涌现出来,成为来华外籍人士学习汉语的重要场所。这些机构多以盈利为目的,在教学模式、课程设置、教学质量、教师素质等方面良莠不齐。有开办10年以上、经验丰富、效果突出、声誉良好的老牌培训机构,也有规模小、不成熟的小型机构。这些机构由于其上课时间灵活、上课地点方便、个体针对性强等优势,逐渐成为在华外籍人士,尤其是北京、上海、广东等发达地区的外籍商务人士学习汉语的首选。然而由于其自身性质的局限,这类机构大多数存在科研背景不足、师资力量薄弱、人员流动性大、教学质量得不到保证等弱点。考察和分析这类机构的课程设置模式对更加科学地发展这一新兴阵地、多方面地促进对外汉语教学事业的发展有着积极的作用。这类营利性汉语培训机构成为国内高校和海外孔子学院等官方正规汉语教学机构之外的又一个新型阵地。其以商业经营为依托的教学活动弥补了官方教学机构难以针对的群体和缺乏开发市场的不足,但也存在统一管理难、质量监督难、学科建设缺乏和师资不稳定等因素。

由于对外汉语教学的主要对象是母语为非汉语国家的人士,解决该类人群学习汉语时所面临的困难,满足他们来华工作、旅游、学习的需求,并帮助有需要的外籍人士通过汉语水平考试则是对外汉语教学的目的。国内目前现存的营利性汉语培训机构的服务对象不同于大学的生源对象,主要包括在华工作的外籍人士及家属、需要课后补充学习的在华高校留学生以及来华游学人员。随着我国对外开放政策的稳步实施和持续增长的经济发展势头,预计未来来华工作的外籍人士、来华游学人员和留学生人数都将保持稳定增长。

现在,在中国就业、生活的外籍人士越来越多,掌握汉语成为许多在华生活的外籍人士把握机会、谋求发展的重要选择,同时也标志着中国软实力的迅速增强(语言和文化一直是重要的软实力)。针对这样的人群,汉语培训的主要目的是帮助外籍人士在工作生活中突破听、说的困境,使他们可以理解并使用一些非常简单的汉语词语和句子,满足具体的交际需求,具备进一步学习汉语的能力。这一点与大学全面培养听、说、读、写、译的能力,以及文化、文学、哲学、中国社会等多方面综合知识的教学目标有很大的差异。培训机构的主要教学目标是训练留学生在日常工作生活中使用汉语的能力,不作语言学、文化、历史等方面的深层要求。除在华工作的外籍人士外,其随行的家属,如配偶、孩子,也是重要的汉语培训对象。随着来华投资、工作及生活的外国人数量的快速增长,他们在华的家属,特别是子女的数量每年也在增长。为来华人员子女开办的国际学校里的学生是学习汉语的一个特殊群体。让孩子能学习、学好汉语是一些外籍家长的目的。此外,从海外重新回到中国生活和工作的华人华侨,对其华裔子女的汉语水平也有着较高的要求。这些学生除了在所就读的国际学校完成校内的汉语课程学习外,大多数华裔家长还选择送他们到培训机构进行补习。

在中国的正规大学进行汉语学习的留学生的水平也参差不齐,高校大班大课的教学模式对有的留学生来说不能让他们及时有效地掌握全部教学知识点,许多学生选择在课后找语言伙伴、私人家教或者培训机构补习。由于语言伙伴、私人家教存在不稳定性,且质量不能保证,大多数需要补习的留学生会选择一些声誉较高、资质较好的培训机构。尤其是中国汉语水平考试(HSK)考前培训,到培训机构补习的留学生最多。

据统计,截至2018年年底,全世界学习汉语的人数超过1.5亿。来中国游历、感受中华文化并同时学习汉语成为越来越多外籍人士的选择。随着来华旅游越来越方便,来华游学的外籍人士也在逐年增加。游学人士一般在华停留的时间较短,学习内容大多是在中国短期旅行和生活所需的日常口语。他们形成了一个比较特殊的学习群体,也由此为其开设了类似短期旅游汉语、汉语口语速成等特殊课程。随着来中国短期或中期旅游学习的人越来越多,很多大型的汉语培训机构将目光投射到海外游学生市场,从过去的被动等待学生发展到主动到国外招生。许多机构同境外旅行社、游学中介机构合作,直接从海外招收短期游学生生源,主打"语言学习+旅游观光+本土实习"的路线,成为汉语培训市场的一个新亮点,具有很大的发展潜力。如昆明济慈学校结合其主打寄宿游学项目经营特色,开设"密集课程+文化体验"打包课程,学习周期也很灵活,从一星期到一年不等。还有上海儒森汉语学校开展的游学项目,同时为留学生提供联系在中国本土企业、英语学校或者在华外资企业实习工作的服务,这样的形式吸引了大量外籍留学生,尤其是欧美国家的高中毕业生和大学在校生在暑假或过年选择到中国学习汉语并参加工作实践。

我国汉语培训行业采用多种经营模式,最主要的有四种,分别是传统经营模式、连锁经营模式、特许经营模式、网络教育模式。

传统经营模式是指依托单一的校舍,进行培训教学和培训管理的经营模式,类似于商业零售业中传统的百货商场。在运作方式上,传统的经营模式采用所谓的"摆一张桌子,接一部电话,挂一块牌子,租几间教室,聘几位老师"的经营方式,主要通过广告宣传及口碑吸引学员。这种经营模式在我国各类培训业的发展初期较多地被培训学校所使用,但由于培训环境和教育条件差,已经不被大型培训机构采用,目前只有一些小型的汉语培训学校依然采用这种经营模式。

连锁经营模式即自营连锁形式,学校属于同一资本所有,在不同的空间通过建立属于总部的教学网点,吸引特定区域内的学员,类似于连锁零售业。以连锁经营模式发展的学校总部对分校拥有所有权,分校校长是总部的员工,总部与分部之间在法律关系上不涉及合同关系,分校属于总部所有;在运作方式上,只需足够的资金和合适的业务类型就可以运营。学校要扩大规模只需进行市场调查,筹集足够的资金即可。目前行业内具备一定规模的优秀公司均采用该经营模式,这种经营模式可以更好地树立品牌优势。像规模比较大的爱马德汉语学校、儒森汉语学校等采用的就是该类经营模式。

特许经营模式就是加盟经营模式。根据国际特许经营协会的定义,特许经营是特许人和受许人之间的契约关系,对受许人经营中的指定领域、经营诀窍和培训,特许人有义务提供或保持持续的兴趣;受许人的经营是在由特许人控制下的一个共同标记、经营模式和/或过程之下进行的,并且受许人从自己的资源中对其业务进行投资。特许人提供拥有产权的商业技术和管理经营模式并对受许人进行培训,受许人交纳一定费用取得使用权。特许经营模式的核心是特许权的转让,在法律关系上,总部与加盟学校是合同关系,特许人与受许人之间是合同双方当事人的关系;在运作方式上,特许人需要开发一整套经营模式或某项独特的商品、商标,将其转让给受许人;在发展方式上,需要吸收独立的商人加入特许经营体系,要进行选择受许人工作。该经营模式便于公司业务的快速扩张,可以更大限度地利用品牌效应;但该经营模式也会带来一定的经营风险,加盟培训点的教学质量难以控制,有可能出现良莠不齐的现象。

网络经营模式主要是通过网络形式进行教学。网络教育是伴随着培训和网络的逐步发展和普及而兴起的一种新的培训教育模式和方法。它的产生不外乎两个方面的原因：一是教育和培训的市场化；二是网络技术的推广和普及。它通过远程教育、网上教室对学员进行收费性培训，但是这种经营模式必须与网络紧密相连。该模式突破了地域的限制，优秀师资可以全国共享。另外，由于该模式节省了培训空间的租赁费用，可以降低运营成本，但从汉语培训市场来看，由于汉语是比较难学的语言，采用网络教学的不多。

汉语培训机构跟大学汉语教学的情况一样，也存在较大的地域差异。目前，我国汉语培训市场的学生主要集中在东部沿海城市，其中以上海地区最为集中。从各汉语培训机构的教学点分布来看，也以上海最多。比如奇迹中文的所有教学点都分布在上海，爱马德仅在上海的教学点就有6个，在广州有3个，在其他城市则分别有1个教学点。

近年来，对外汉语培训需求持续增长，国内市场容量保持连续增长的态势，供给将保持相对稳定。一个好的培训机构的建立需要时间，虽然未来几年对外汉语培训需求快速增长，但是，在短期内难以形成品牌知名度高、声誉良好、具有一定规模的高端培训机构。从结构上来说，中低端市场存在大量的对外汉语教学服务提供者，如果没有品牌和质量保证，该部分对外汉语培训市场将供大于求；而对于有质量和品牌保证的高端对外汉语培训市场来说，潜在消费者众多，市场供给基本稳定，在未来几年，高端培训市场仍然会保持供不应求的发展态势。

对外汉语培训机构市场也急需规范和引导，在符合消费者利益和市场规律的状态下，才能建设出专业、规范的语言培训机构。

三、在华国际学校汉语教学概况

国际学校是指实行外国侨民母国的教育制度，为外国侨民提供其母语教育的学校。一般来说，国际学校是提供中等或以下程度的教育,并拥有相当比例的外籍学生,而且实施外国学制的学校。尽管《中华人民共和国教育法》中并没有出现"国际学校"一词,但仍有一系列的学校符合上述定义。依据1987年9月1日颁布的《中华人民共和国外交部、中华人民共和国国家教育委员会关于外国驻中国使馆开办使馆人员子女学校的暂行规定》(以下简称《暂行规定》),驻华大使馆可以开办使馆人员子女学校。此后,北京以外的驻华领事馆也被批准参照《暂行规定》注册子女学校。因此,在后来的政府文件中,此类学校合称为外交人员子女学校。依据《中华人民共和国国家教育委员会关于开办外籍人员子女学校的暂行管理办法》,在中国境内合法设立的外国机构、外资企业、国际组织的驻华机构和合法居留的外国人,可以申请开办外籍人员子女学校。这一行政许可事项后来被《国务院对确需保留的行政审批项目设定行政许可的决定》(国务院令第412号)确认。外籍人员子女学校只能招收在中国境内持有居留证件的外籍学生,不得招收中国内地的公民入学。

  2000年,全球有2 584所国际学校,学生总数接近100万人,绝大多数是身处异国的外国人。截至2019年7月,全球国际学校数量已突破1万所,学生人数超过560万人。同时,预测国际学校在未来十年内将继续保持强劲增长,预计到2028年全球国际学校总数将超过1.6万所,在校生将接近1万人。国际学校的大门只对外国学生开放,但本地学生想进国际学校的大有人在,因为这些学校的高素质教学水平、国际化课程设置、全英文授课等优势,对于经济条件富裕的本土家庭具有巨大的吸引力。2011年9月,中国国际学校总数276所,学生总数144 436人。采用英式课程的国际学校有112所,采用美式课程的国际学校有74所,采用国际课程的国际学校有90所。截至2019年7月,中国国际学校总数884所,学生总数超过50万人。

  外籍人员子女学校都是以中学、小学或幼儿园的名义设立的。其课程设置、教材和教学计划由学校自行确定,通常就是学校开办者母国的学制,或者流行的国际课程(IB)学制,甚至可以自己创设学制。办学满三年后,学校可自愿申请认证,每次认证的有效期为五年。学校获得此项认证,也就意味着其颁发的中小学毕业证书得到中国官方的承认。如北京京西国际学校是第一家通过认证的学校,而此项认证制度也是由京西国际学校首先提议的。

属于国际学校范畴的机构主要有三种类型:第一类是由在中国境内合法设立的外国机构、外资企业、国际组织的驻华机构和合法居留的外国人开办的国际学校(简称为"外籍人士开办的国际学校"),如上海美国学校、广州美国人学校等。第二类是同时招收中国学生又具有接收留学生资格的学校,如广州亚加达国际预科等。这类学校采用IB学制,有独立的校园,其课程体系、教育理念、硬件设施和学生构成都是国际化中国学生的培训课程,他们的课程是外国的课程,但上课的模式、教育理念和学生构成都是中国(式)的,所以严格来说,这些学校不能算是国际学校。第三类是外国机构或个人开办的补习中心。本节讨论的国际学校汉语课程主要是指第一类"外籍人士开办的国际学校",因为这类学校的学生群体是我们传统对外汉语教学所指的教学对象,即母语为非汉语的、将汉语作为第二语言学习的学习者。

国际学校席位的需求急速上升,部分原因是大多数中国学校不接收外国学生。随着越来越多的外国人涌入上海、北京和广州等一、二线城市工作,将孩子送入当地的国际学校就读是外籍父母的首选。另一部分原因则来自家长,包括那些有经济能力的中国香港地区的父母和中国台湾地区的父母,他们都把英语授课的课程、高科技的配套设施以及高质量的教学队伍视为他们决定是否选择国际学校的主要考虑因素。

国际学校的课程设置与国内的普通公立或私立学校不同,一般可分为"国际课程""本国课程""组合型课程"以及"中文课程"。"国际课程"以英语为教学语言,采用英美式教学方式,目标是让学生最终进入世界名校。以国际文凭组织(IBO)的大学预科文凭项目(IBDP)为例，这是一套要求严格的大学预科国际文凭课程，此课程要进行各种考试，适合年龄为16~19岁、具有高度进取心的中学生的学习需要。按照设计，大学预科项目是一套两年制的综合性课程，毕业生能够达到各国教育体制的要求，其课程模式不是建立在某一个国家的模式之上，而是吸取了许多国家教育体制中的精华。目前，采用的教学语言是英语、法语和西班牙语。如广州的国际学校大多数采用IB国际文凭课程。

IB国际文凭课程是在联合国教科文组织(IBO)的指导规划下，为全球优秀学生统一设计的国际课程。其最早设立的是针对高中学生的IBDP课程，后来加入了小学一至五年级的小学课程(PYP)、六至十年级的国际文凭的中学项目课程(MYP)。"本国课程"是为来自不同国家的学生以母语和本国教学大纲为蓝本进行的教学，主要目标是让学生毕业后能进入本国大学学习。

同时，作为兴趣课的汉语和中国文化历史课程也是他们的教学内容之一。如北京韩国国际学校于1998年9月1日经北京市教育委员会和韩国教育部批准设立，属韩国教育部管辖的一所为驻京的韩国工作人员的子女开办的公立学校。该校的主干课程就是根据韩国国内的标准课程大纲设计的，学生回国或毕业以后能够跟韩国的教育系统无缝对接。广州的英国人学校采用英国国民教育课程，而法国人学校和日本人学校则采用各自国家的课程体系。"组合型课程"采用的是中西方结合的课程。这类国际学校虽然也基本采用国际化教学模式，但是在课程设置上偏重于中国语言和历史文化的教学，主要目标是让留学生毕业后能进入欧美大学或中国内地大学学习。

国际学校的生源跟高校对外汉语教学的生源相似，都来自不同国家，具有不同的母语背景。学校各个班级不得不面临多元文化的差异，在教学目标、教学方式上也需要根据不同的学习对象和具体情况因材施教。由于地处中国的特殊情况,绝大多数的国际学校都开设了专门的中文课程,帮助外籍学生尽快突破语言障碍,在中国顺利地生活和学习。加之世界"汉语热"的兴起,中国境外的一些外国公立中小学也开始开设汉语课,利用在中国生活和学习的得天独厚的语言环境和丰富的专业师资资源,使在华国际学校的学生有更好的条件学习汉语。这也为他们回国以后与自己国家的外语课程衔接,甚至选择中文作为美国大学预修课程(AP)考试的科目或申请大学优势项目提供了便利。总的来看,在华国际学校的汉语教学虽然在数量和规模上与大学的汉语教学以及培训机构的汉语教学相比所占比重相对较小,但是随着中国对外经济贸易、文化交流的不断发展和深入,越来越多的外籍家庭将会由于工作原因举家迁至中国,外籍儿童汉语学习者的人数也将不断上升,国际学校汉语教学这块阵地正方兴未艾,是亟待开发和研究的汉语教学新领域。

第三节 汉语国际教育的传播学表现

一、汉语国际教育——一项传播活动

传播学诞生于二十世纪四五十年代,是威尔伯·施拉姆综合前人研究和相关学科研究成果,经过融合、归纳和修正创立的一门学科。发展至今,传播学已经成为在学术界和理论界占据重要地位的学科,一些理论成果成了认识、解释和指导人类各种社会活动的重要理论依据。我国对于传播学的研究起步较晚,但经过多年的发展,已基本实现了传播学的本土化研究,构建起了自己的理论范式,建立了较为完善的学科体系。

"传播"是传播学的基本概念之一,简单来说是指人类使用符号,通过某种媒介来相互交流信息的活动。传播渗透在人类的一切活动

中，只要有人存在，就有传播行为发生。其中，语言传播自古便有。一个民族的语言被另一个民族学习和使用，使这个民族的语言传播到另一个民族，这是不同民族之间相互接触和交流的一种方式。我国在漫长的历史发展过程中，与周边国家和民族的交流非常活跃和频繁。尤其是盛唐时期，日本、韩国等国家更是派遣大量的留学生、留学僧来唐朝学习，频繁的交流活动促进了我国语言和文化的广泛传播。

今天，世界全球化不断深化，国家间的交往日益密切，竞争也越来越激烈，各国都倾尽全力推动本国语言与文化的对外传播，以扩大本国在国际社会的影响力，争取国际话语权。我国针对这一国际形势，结合自身发展的需要，适时提出了汉语国际推广的政策，主动推动汉语走向世界，扩大汉语的国际影响力。

随着中国经济的飞速发展，国际地位的逐步提升，国际社会对于学习汉语的需求也在迅速增长。汉语国际教育便是在汉语国际推广形势下，为满足国际社会汉语学习的需求而形成的一种汉语国际传播的新形式。

从动态的角度考察人类文化，可以说文化就是传播，而语言是文化最重要的载体，文化传播绝大部分是通过语言这个工具实现的。作为传播学的一个重要研究领域，跨文化传播的研究早在20世纪80年代即已引起越来越多人的重视，在对外汉语教学这一特殊领域，文化传播问题更有其特殊性。对外汉语教学中的文化传播研究是近年来对外汉语教学界非常感兴趣的一个话题。随着中国的日益发展壮大，"汉语热"也在全球范围内逐日升温，对外汉语教学中的文化教学研究受到了越来越多人的关注。对外汉语文化教学研究，经历了一个从不被重视到被注意、被热烈关注到趋于平稳的过程，逐渐由不自觉走向自觉、由经验型向科学性转变。从传播学角度来研究对外汉语教学中的文化教学，很多问题会豁然开朗，因为毕竟对外汉语教学本身就是一种跨文化传播的实践活动，是一种特殊领域的最具体、最直接的跨文化传播活动。因此，本节拟从传播学的角度，运用跨文化传播的相关理论，系统论述对外汉语教学中的文化传播问题，并就如何有效实现对外汉语教学中的文化传播，即针对对外汉语文化因素教学提出自己的看法，试图从理论上使这一问题更加明确，从实践上为对外汉语教学提供一定的借鉴。

中国的对外汉语教学始于1950年。对外汉语教学从诞生那天起同时就是一种跨文化传播的实践活动。在对外汉语教学作为一门独立学科确立之前，教学中的中外文化的传播活动早已存在，但遗憾的是由于无文字记载，大多无从查考。因而本书研究的对外汉语教学中的文化传播活动即从1950年7月，清华大学开始筹办"清华大学东欧交换生中国语文专修班"算起，从中国的对外汉语教学诞生日算起，其中主要着眼于最近十几年来的对外汉语教学实践。①

中国的对外汉语教学在经过50年的发展之后，于2005年7月进入了一个新时期。首届"世界汉语大会"的召开，标志着我国的对外汉语教学在继续深入做好来华留学生汉语教学工作的同时，开始把目光转向全世界，转向汉语的国际推广。从1995年前的文化教学研究的涉入，到最近20年来的系统文化研究可以看出，由于对外汉语教学学科的年轻和发展的不均衡，对外汉语教学界对于文化学远不如对于语言学、教育学和心理学了解和认识得那么充分，以致对外汉语文化教学的理论研究和教学实践都稍显滞后。1994年底召开的"对外汉语教学的定性、定位与定量问题座谈会"及1995年以后的深入研究，至今已达成的共识是：对外汉语教学中的文化定位"既不能过窄，也不能过宽"。文化教学必须有"度"，必须受语言教学总目标的指导和制约。迄今为止，关于对外汉语教学中的文化教学问题的研究已取得了很多可喜的成果，但仍存在很多分歧，很多研究的空白领域有待完善，特别是跨文化交际理论与文化教学实践的结合研究仍有很大空间。

---

①代偲. 传播学视域下汉语国际教育传播者研究[D]. 济南：山东大学，2018.

基于前人已有的研究成果及目前亟待完善的各个方面，本节拟从具体的对外汉语教学实践出发，在前人理论实践的基础上，对对外汉语教学中的文化传播做一次更深入的研究，从如何有效实现对外汉语教学中的文化传播这一角度出发，通过对大连理工大学国际文化交流学院五年的对外汉语教学实践中不同班型的对外汉语教学遇到的跨文化传播实例的研究，系统论述对外汉语教学中交际文化的传播情况、文化依附的问题的处理以及对外汉语教师多元文化立场的建立等问题，从实际发生的传播偏误入手，试图解决一些对外汉语教学实践中时常遇到的具体问题，以期对广大的对外汉语教育工作者特别是对外汉语教师提供一定的借鉴。

我国在汉语国际教育事业上倾注了大量的心血，做了多方面的努力，如积极推动孔子学院的创办、培养派遣国际汉语教师、编写多语种汉语学习教材、开拓汉语学习渠道等。这些多方面的努力极大地丰富了汉语国际教育的传播类型。传播学中将传播分为人内传播、人际传播、组织传播、大众传播等类型，我们审视目前汉语国际教育的现状，可以大致将汉语国际教育的传播类型分为人际传播、组织传播和大众传播三大类。比如，孔子学院的课堂教学活动就兼具人际传播和组织传播的特点，课堂上教师与学生之间的互动交流显然属于人际传播，孔子学院作为一个教育机构，有严密的组织体系，配有训练有素的汉语教师队伍，由其主导开展的汉语教学和文化传播活动，则是典型的组织传播。

大众传播手段在汉语国际教育中也得到了广泛的运用，如汉语学习者使用的教材、书籍、报刊、汉语教学广播、电视节目、汉语学习网站等，不胜枚举。可以看出，每一种类型的传播都在汉语国际教育中有着举足轻重的地位，发挥着不可替代的作用。目前，通过课堂教学这一人际传播方式而进行的汉语传播是我国开展汉语国际教育的主要形式。我们不得不承认大众传播手段在拓宽汉语国际传播的范围，丰富汉语学习的渠道和途径等方面有着不可比拟的优越性,因此汉语国际教育应该重视大众传播的作用。

二、汉语国际教育的传播过程分析

拉斯韦尔模式首次将人类的传播活动进行了比较详细、科学的分解,提出了构成传播过程的五个基本要素,即传播者、信息、媒介、受传者和传播效果,构成了分析一个传播过程的基本框架。

汉语国际教育是新形势下适应国内汉语推广的需要,满足国外汉语学习的需求而形成的一种语言和文化传播的形式,是一种典型的将汉语和中国文化向国际社会推广的传播活动。笔者尝试将汉语国际教育置于这一框架之下进行分析,考察汉语国际教育这一传播活动的各组成要素以及各要素在整个传播过程中的作用。

传播者是传播行为的发起者,也可以叫传播主体,负责制作并传播信息。传播者既可以是群体或组织,也可以是个人。汉语国际教育这一语言文化传播过程的发起者,往大了说,可以是中国、汉办、孔子学院、各类汉语教学机构、出版社等;往小了说,可以是从事汉语国际教育的各类工作人员,如汉语教材的编写者、汉语学习类报刊的编辑、汉语学习网站的编辑、汉语教学类广播电视节目的制作者、国际汉语教师等。他们是传播过程的第一个环节,承担"把关人"的角色,决定传播什么不传播什么,选择通过什么渠道使用什么媒介传播,是传播过程的起点。

信息是传播的中心环节,也可以称为传播内容。人们进行传播活动的一个主要目的就是传递、交换、共享传播的内容。汉语国际教育是"一种综合性的语言与文化传播活动",传播内容既包括汉语言文字,又包括中国文化中符合世界价值观又独具中华民族特色的思想文化。有研究者认为,汉语国际教育中语言教学只是手段和途径,文化推介才是主要内容和目的。也有研究者认为语言教学是核心,语言教学的过程就伴随着文化的传播。笔者认为,汉语教学与文化传播同是汉语国际教育传播内容的重心,不应顾此失彼有所偏颇。

受传者是传播过程的另一主体,是信息的接收者,也称受众。在汉语国际教育中,受众的范围是比较广的,包括海内外愿意学习汉语了解中国文化的外国人和海外华人华侨及其后代等。受众在整个传播过程中并不是一味地被动接受,而是体现出较强的能动性。他们可以根据自身的需要和兴趣自主选择接收哪一类传播内容,使用哪一种传播媒介,还可以向传播者及时做出反馈,促使传播者不断对传播行为进行修正、调整和完善。

传播效果是指传播者发出的信息经媒介传至受众,对受众的思想观念、行为方式等产生的影响和发生的变化。我国通过开展汉语国际教育想要取得的最直接的传播效果是越来越多的外国人掌握汉语,了解中国,喜欢中国。而我们更期望达到的、更令人喜闻乐见的传播效果是汉语成为世界范围内各种交际场合中最常被使用的语言之一,中国文化得到世界各国的理解和尊重,文化摩擦和冲突不再发生,中国的国际影响力日渐扩大。要实现这些传播效果,汉语国际教育还有很长的路要走,而且在传播过程中必须密切关注阶段性传播效果,及时调整传播策略。

传播者使用传播媒介向受众传递信息,对受众产生一定影响,同时根据受众的反馈调整传播行为。由此可以看出,传播过程的各要素之间是相互作用、相互影响的,缺少了哪一要素都会导致传播的失败。所以,汉语国际教育传播过程中的每一个环节都不能被忽略,都应该得到足够的重视。传播者要有过硬的汉语专业知识和传播素养,做好"把关人";传播内容要具有普适性和价值性;传播媒介要"丰富多样";要充分了解受众的构成、特点和需求,因材施教;密切关注传播效果,保障传播的有效性。本节将运用媒介分析的相关理论对汉语国际教育传播过程中连接传播者和受众、负载传播内容的媒介进行分析,从不同角度和层面比较分析各种媒介的优缺点,为汉语国际传播过程中媒介的选择和使用提供一定的参考。

三、汉语国际教育传播的多元属性

(一)教学

汉语国际教育的本意是指"以汉语言(文)为基础,针对海外母语非汉语者的汉语教学"。在一般意义上,教学是"教师将知识、技能传授给学生的过程",这个教学过程从大的方面看,涉及"总体设计""教材编写""教学实施"和"考试评价"四个内容。汉语国际教育作为一种以汉语为基础的教学活动,其归根结底就是要根据教学活动自身的特点和规律,做好汉语国际教育(作为一种具体的语言教学活动)的总体设计,即明确汉语国际教育这一语言教学活动的教学目标、教学内容、教学组织形式;明确汉语国际教育的教材编写和选用,以"讲授法""活动法"等不同的教学方法展开汉语国际教育的教学工作;对一定时期、一定组织内的汉语国际教育教学效果进行评价,尤其是对学生学习效果的评价等;明确汉语国际教育的类型、层次组织形式,进而对不同类型层次、不同形式的汉语国际教育确定不同的"总体设计",编写或选用不同的教材,进行不同的教学实施,不同的考试评价等。对于高等学校的来华留学生教育,其可以依据学历教育或者非学历教育的语言培训,划定不同的培养目标,确定不同的修业水平和修业年限。对于孔子学院或者孔子课堂一类的汉语国际教育,理应依据不同国家的具体情况在修业年限、教材选用、教学实施方面做出因地制宜的调整。

从当前的汉语国际教育教学实践看,其不但有汉语言培训教学——短期的汉语识字、汉语言应用教学、汉语预备教学,还有汉语言本科教学、高等学校的汉语言专业教育以及汉语言专业下多种方向教学;不但有一般的进修学习,还有强化教学;不但有一般的汉语教学,还有职业汉语教学;不但有低层次的汉语学习,还有高层的汉语(文)研究;不但有班级授课制的汉语国际教育,还有"一对一"的汉语教学辅导;等等。

(二)学科

学科简单来说就是学术的分类。与此同时,学科还有"高校教学、科研等的功能单位,是对高校人才培养、教师教学、科研业务隶属范围的相对界定"的理解。在一般意义上,在高等学校成为一个学科的基本标志为:有独立的名称、有专门的研究领域、在高等学校开设专业培养人才、有专门的研究人员和理论基础。从汉语国际教育的学科属性来看,虽然其起步较晚,但在2008年,国务院学位委员会将"汉语国际教育"列为"语言学"下面的二级学科。

当然,从实际情况看,汉语国际教育在一些基本问题认识上、在学科体系和理论框架构建上还有诸多尚待深入的地方。作为一个学科,对外汉语教学不仅包括教学,而且包括跟教学密切相关的理论研究和系统研究。这种研究的内容不仅仅是教学中出现的大大小小的各种现象,而应该是对外汉语教学中的一般原则、方法和规律。汉语国际教育在一定程度上是由对外汉语教学发展而来的,其在很大程度上以高等教育领域内的专门知识分类而展开。

在现有认知下,学界将对外汉语教学的基础学科确定为"语言学""心理学"以及"教育学",并以语言学理论、心理学理论和教育学理论作为对外汉语教学的基本理论。在这种理解下,围绕汉语国际教育和对外汉语教学的关系以及汉语国际教育固有的特殊性展开,汉语国际教育的学科基础,除语言学、心理学、教育学之外,理应还包括传播学、跨文化交际学、神经生理学等内容。汉语国际教育虽然以传播中国文化、传扬中华文明为核心,但其载体仍旧是汉语这一基本语言。汉语国际教育从大处说,是达成国家汉语国际教育推广战略的具体手段,是一种文化的传扬和输出,还涉及传播学的内容;往小了说,是一种语言教学,涉及教学心理、教师心理、学生心理、学习心理、文化心理等诸多内容。

(三)事业

汉语国际教育除具有教学、学科的基本属性之外,还是一项国家和民族的事业,是一项国家的汉语国际推广事业。教育部等部门明确提出:要进一步明确中央部门和地方政府的职责,外交部负责相关外事政策的指导,并要求驻外使馆加强汉语国际推广工作,商务部负责组织实施。在我国出口商品上增加汉字标签和说明,在调研基础上抓紧确定有关出口商品范围和重点出口企业,利用援外经费支持汉语国际推广"工作"。我们今天所说的"汉语国际教育",其在概念的源头上并不仅仅限于一般意义上所说的教育,而是一项集"政策性、政治性和策略性"于一体的国家事业。如《汉语国际推广论丛》前言所说:"我们以前习惯说对外汉语教学是个国家的事业民族的事业,但坦白地说,实际上,除了相关从业人员外,没有多少人把这个国家的事业民族的事业真当回事。"这恐怕也与"对外汉语教学"过于局限于"语言教学"有关。而"汉语国际推广"就不同了,它不仅仅是语言教学,而且是中华文化的全面弘扬,是中国以积极的姿态参与21世纪国际文化的交流和建设,它使"汉语国际推广"真正成了一项"国家的事业、民族的事业"。

第四节 汉语国际教育中文化教学的传播性

一、汉语国际教育中文化教学的历史与现状

汉语国际教育中的文化教学应以20世纪70年代末80年代初为界,分为两个大的阶段。20世纪50年代初国内的汉语国际教育事业正式起步,从此时到20世纪70年代末这一阶段为第一阶段,初期的汉语教育以语法和词汇教学为主,后期发展了听、说、读、写等多项训练,注重教学法的探索,但总体来说对文化教学的重视度不够。20世纪80

年代初对外汉语教学界开始关注文化问题,从此时至今为第二个阶段。随着汉语国际教育工作在国内外的发展及相关领域对文化问题的日益关注,汉语国际教育中文化教学的重要性得到愈加广泛的认同。20世纪80年代十分重要的贡献是将语言教学与文化教学相结合,提出了"交际文化"的概念,文化不再以文学或历史课的方式独立于语言教学之外存在,但此时的关注点主要是"带有文化差异的汉语字、词、句等语言要素的文化因素",而不是"作为交际主体的留学生跨文化交际问题"。

20世纪90年代汉语国际教育界的文化教学研究愈发深入,对文化教学的定位进行了探讨,提出培养学生跨文化意识的观念,提倡设立文化教学大纲,进一步讨论文化教学和语言教学的融合,重视跨文化交际研究。在二十世纪八九十年代这20年间,汉语国际教育中的文化教学研究迅速发展,但关注点仍主要集中于汉语国际教育学科内部,跨文化交际部分也是作为学科基础之一被纳入参考范畴。[①]

"文化"和"汉语国际教育中的文化"是两个不同的概念,它们分属于不同的范畴。"文化是人类在社会历史实践过程中所创造的物质财富和精神财富的总和",作为文化人类学范畴的概念,"文化"的内容包罗万象。"汉语国际教育中的文化"是语言教学范畴内的一个概念,归属于应用语言学。而"汉语国际教育"的研究对象和内容以及研究方法都是不一样的。对于文化的研究,它们的研究目的,不同的学科有不同的角度。"汉语国际教育中的文化"是汉语学习者学习汉语、理解汉语,使用汉语与中国人交流时需要掌握的"文化",是语言学习和使用过程中所涉及的文化,这种文化不能仅仅指语言课外的文化课教学,还应包括渗透在语音、汉字、词汇、语法中的文化。为了把"文化"和"汉语国际教育中的文化"区别开来,我们采用周思源的提法,将"汉语国际教育中的文化"称为"文化因素"。1994年,在北京召开的对外

[①]冀岚.从传播学视角看汉语国际教育中国文化的有效传播[D].西安:陕西师范大学,2014.

汉语教学定性、定位、定量座谈会中将对外汉语教学专业中的文化分为两个层面：一是文化因素；二是文化知识。前者，为语言教学内容，属对外汉语教学范畴；后者为文化教学内容，属对外文化教学范畴。这里所说的文化因素，主要是从共时的角度出发，指那些跟语言理解和语言表达密切相关的文化因素。当然，也涵盖那些历时文化现象。在传授语言知识和训练语言技能时，只有把语言和文化因素有机地结合起来，才能有效地提高学生的语言交际能力。由此可见，汉语国际教育中的文化，应为文化因素和文化知识两类。吕叔湘曾这样指出："语言是什么？说是'工具'。什么'工具'？说是'人们交流思想的工具'。可是打开任何一本讲语言的书来看，都只看见'工具'，'人们'没有了。语音啊，语法啊，词汇啊，条分缕析的，讲得挺多，可是讲的都是这种工具的部件和结构，没有讲人们怎么使唤这种工具。"的确，语言教学的目的，最重要的就是教会学习者"怎么使唤"语言，也就是要使学习者获得运用所学语言进行交际的能力。这就需要多方面的研究。现在大家很重视的一个方面是：语言与社会文化密切联系。提出来在语言教学中不能只限定在语言工具的"部件"和"结构"的教学中，而是必须导入或融入与该语言相关的文化因素。"文化因素"从语言教学的角度来说，是一种不可或缺的语言要素。也只有将"文化因素"很好地与语言教学相结合，才能让学习者不仅知其然，更能知其所以然。

　　进入21世纪，汉语国际教育中的文化教学也跨上一个新的台阶。近年来，汉语国际教育界的相关会议议题有很多涉及文化教学的讨论。2008年，国家汉语国际推广小组办公室主编出版了《国际汉语教学通用课程大纲》一书，将"文化意识"列为语言的四项综合运用能力之一，并分别在课程内容的五个等级中将该部分的教学目标分项列出。海外孔子学院更是大力推广中国文化，其网点不断扩张，已有的分校也纷纷举办春节文化体验、丝绸文化展、书法文化体验、传统音乐会等文化体验活动。理论研究方面，对学生多元化文化视野和跨文化交际能力的培养愈加重视,关注文化传播问题及文化导入方式,对文化教材编写及文化课程设置的研究也愈加丰富,重视文化教学中教师的作用。

把对外汉语教学同传播学结合起来,从传播学的视域来分析对外汉语教学中文化因素的传播活动,是前人涉足不多的一个领域。文化问题的博大精深,无休无止,对外汉语教学作为学科建立以来短短的历史,加之中国改革开放时间不长这种特有的国情所限,使得前人相关有深度论述不多。

海外孔子学院的建立并飞速发展以及首届世界汉语大会的召开,加上来华留学生人数的迅速攀升,均证明了对外汉语教学是一项关系到国家和民族前途的重要事业。把文化传播和对外汉语教学相结合进行分析,不难得出结论:对外汉语教学是一种以语言教学形式存在的跨文化传播活动,不同文化模式对传播效果有不同的影响,文化依附问题是从事此项活动的工作内容,即对外汉语教师时刻面临的问题。因此,他们必须了解自身工作的特殊性及重要性,认识到文化无优劣高下之分,从而建立客观的多元的文化立场,同时,必须警惕并采取积极有效措施防止文化传播过程中所传信息的变形,并熟悉对外汉语教学中常见的文化冲突及解决方案,从而有的放矢地传播中国文化。

当然,随着对外汉语教学的各种理论研究都逐渐走向深入,汉语面向世界的普及和推广活动也正在展开,对对外汉语教学中的文化传播活动的相关研究也会越来越细致、具体,我们有理由相信,对外汉语教学文化大纲的出台指日可待。

二、汉语国际教育中文化教学的意义

随着中国经济的发展,越来越多的国家开始把目光投向中国。汉语国际推广作为国家大外交战略的一个组成部分,提出了实现六大转变的发展目标,其中第一大目标就是由对外汉语教学转向全方位的汉语国际推广。2008年,"汉语国际教育"作为一门二级学科被正式提出,从而让这么多年都没有很好定位的"对外汉语教学"专业有了明确的专业标准。"汉语国际教育硕士"是在对外汉语教学和汉语国际推广的基础之上的新提法。它指的是面对母语非汉语者的汉语教学。它不仅是一种语言教学,更是一种文化教学,或者说是文化传播。这一学科的设立,意味着语言教学不再是最终的目的,通过语言来传播文化才是关键所在。

在当今全球化发展趋势的推动下,国与国之间利益的范畴也随之发生了相应的变化。文化作为国家软实力的重要影响因子,对一个国家的政治、经济等发挥着越来越大的影响,也受到越来越多研究者的关注。按美国约瑟夫·奈教授的观点,文化软实力是一个国家维护和实现国家利益的决策和行动的能力,其力量的源泉是基于该国在国际社会的文化认同感而产生的亲和力、影响力和凝聚力。提升一个国家的文化软实力,让本国优秀文化在文化竞争的大舞台上取得优先的话语权,促使本国优秀文化通过各种方式和手段源源不断地向外辐射,并产生重要的影响,对于一个国家、一个民族不断扩大自身的影响力,具有重要的历史意义。语言是人类表达观念和思想的工具,也是人与人之间相互进行交流的最直接、最明确也最有效的方式,汉语的对外发展战略仅仅依靠语言单方面的功利性推广是远远不够的,还必须以深厚的中华民族文化底蕴作为支撑,才能使语言流动的辐射力更广,影响更深远。对外汉语教学处于文化推广的前沿阵地,通过汉语的教学自觉地推广中国文化,对于中国更好地参与国际竞争,为我国的和平崛起创造一个有利的国际外部环境,具有不可忽视的作用。

从文化的多元发展来看,当今世界是一个多民族共生共存和共同发展的世界,多元文化现象无处不在,各种不同文化之间的交流、沟通和互动,构成了人类社会发展和文化进步的根本动力。从人类历史的发展经验来看,正是因为有了不同民族文化之间的相互交流和彼此吸收,人类社会才能够持久地不断向前发展。中国具有5 000年悠久灿烂的文明史,我们应该充分利用好对外汉语教学这个平台,自觉地向世界介绍博大精深的中国文化。弘扬本民族的文化,不仅有助于本民族的发展,从长远看,对整个人类都有裨益,能为世界文化的建设做出贡献。因此,对外汉语教学应从中国文化传播的高度,从世界多元文化发展的高度,在教学中自觉地将汉语知识教育与中华传统思想文化教育相结合,将中国文化潜移默化地传播出去,既可以为世界文化的多样性发展做出贡献,又可以增进世界各国对中国的了解,提升中国文化的影响力。语言学家克里斯托就曾这样说过:"现在,比语言史上的任何时候都需要立足长远,提前规划。无论政府的兴趣是在社会推广英语,还是扩大其他语言的使用。如果他们错过了这个语言的机遇,将可能不再有任何其他机遇。"在当前中国经济快速发展和综合国力不断提升的良好条件下,世界"汉语热"不断升温,如果我们仅仅将对外汉语教学视为教外国人说汉语,就会错失文化推广的大好时机。

汉语国际教育的本质是第二语言教学,而作为一门应用学科,培养语言能力的终极目标便是让语言学习者具备跨文化交际的能力。根据这一目标,我们便能够分析和理解汉语国际教育中文化教学的内容和目的。文化的涵盖面非常广,比语言教学的范畴更加宽泛。而汉语国际教育中的文化教学并非应当面面俱到,相反,文化教学应当与汉语国际教育的性质和目的相一致,将内容紧紧围绕在语言学习者的实用交际领域,培养学习者的语言能力、交际能力、跨文化交际能力,辅助语言学习者克服文化障碍和交际困难,对目的语国家形成更深刻的理解和认同。

众所周知,语言和文化是密不可分、共生共存、息息相关的。文化语言学者邢福义曾用"水乳交融"来形容二者之间的关系,美国学者萨姆瓦也说:"语言不仅是一个转述经验的工具,而且,更为重要的是作为说话者解释经验的一种方法。换言之,文化的语言习惯帮助人们选择并解释那一语言化的世界。"语言是文化的载体,语言的要素具有一定的文化内涵,语言的运用也要遵循一定的文化规则;文化是语言的根基,任何一种语言都要有它的文化土壤,才能生根、发芽、成长,一种语言的文化基础越深厚,它所负载的文化信息就越丰富。

就汉语而言,其自身语音、词汇、语法等系统中都蕴含着丰富的文化因子,汉语特有的书写符号系统——汉字,更保留了汉民族文化的高度智慧和精髓,使得它与其他语言相比具有更加浓郁的文化特质。汉语扎根于博大精深、源远流长的中国文化土壤,它在产生和发展过程中,自觉保存和传递着中国文化,记录着汉民族的历史进程,透视着汉民族的文化心态,蕴含着汉民族的思维方式。因此,在对外汉语教学中,汉语的学习离不开中国文化的学习,汉语的教学离不开中国文化的教学,汉语的推广也离不开中国文化的传播。

汉语国际教育中的文化教学应当包含"汉语学习者在语言学习与交际过程中所涉及的文化"。根据张占一从功能角度对文化的分类,我们可以明确汉语国际教育中的文化既包括知识文化,也包括交际文化。将文化作为因素来看,我们又能发现文化教学既包含语言因素的导入,也包括非语言因素的导入。正如前文所说,文化教学可以融入语言学习中,也可以独立于语言学习之外。因此,文化教学大致可以分为两种形式,一种是语言课程中的文化因素导入,另一种是设立专门的文化课教学。无论是语言文化因素教学,还是非语言文化因素教学,都是汉语国际教育的文化教学中十分重要的组成部分。文化教学的内容可以分为三个层次,即语言的文化因素、基本国情和文化背景知识、专门性文化知识。而语言文化因素又可以分成语构文化特征、词汇文化含义、语用文化内涵这三个方面。

"汉语国际教育"这一专业的提出有重大的意义。一方面,解决了很多现实的问题,如学科的定位,教材、师资的标准等;另一方面,这个学科名称的提出,也将我们的注意力从汉语教学转移到"通过汉语教学推广中国文化与文明并进一步提高中国软实力"上来。在教师的培养上，汉语国际教育也不同于传统的对外汉语专业，更加注重对教学实践经验的培养。

这一学科的设立也对汉语教学者提出了更高的标准，它要求从事汉语国际教育的工作者应具有扎实的汉语言文化知识、熟练的汉语作为第二语言（外语）教学的技能、较高的外语水平和较强的跨文化交际能力。不仅仅停留在校园内进行有计划的课堂教学，还有可能走出去，走进社区，走进有了解中国文化需要的任何一个地方，所以它既有别于传统的对外汉语，又不简单等同于汉语国际推广。在当今这个经济全球化、文化多元化的时代，汉语国际教育更能加快汉语及中国文化走向世界的步伐。

历年来，学者们基于不同的认识对"传播"一词给予了不同的定义，总体看来，这些定义虽于细微处有所不同，但基本都包含信息和传递过程这两点，当然，信息的传递还需要有发出者和接收者，这里我们采用孙英春在《跨文化传播学导论》中提出的概念："传播的实质就是通过符号和媒介交流信息的一种社会互动过程。"用这个定义来衡量，不仅对外汉语文化教学，所有的课堂教学都具有传播的特点。教师通过口述、板书或多媒体等方式在课堂上授课的行为就是在通过语言和文字符号以及其他媒介传递某种信息；学生作为听众也就是信息的接收者；课堂提问等方式则是对此做出的反馈，无论效果好坏，这个信息传递的过程必然会对学生产生某种影响；这种行为又显然具有社会性，在教师和学生这两种社会成员中进行。整个过程具有非常显著的传播性特点，因此传播学中认为教师是职业的传播者，是以传播谋生的人。由此看来，汉语国际教育中的文化教学过程就是中国文化传播的过程，那么自然可以从传播学的角度来审视这个问题。

第五节 汉语国际教育中文化教学和传播学结合的研究现状

近年来,随着传播学的发展,已有研究者将目光投向该领域,试图运用传播学中的一些理论来促进汉语国际教育发展。而汉语国际教育领域对传播学中关注最多的部分还是跨文化交际这一传播学分支,主要着眼于从跨文化视角分析文化传播,从文化接受等角度分析学生的学习情况,这一点在很多有关汉语国际教育的书本及论文中都有提及。而明确提出从传播学角度对汉语国际教育中的一些问题进行探讨的资料则较少,多为一些研究生毕业论文,发表于期刊的论文则更少,其中有些出自传播学相关学科的学习者或研究者。这些文章不约而同地对汉语国际教育过程属于传播行为达成共识,但由于学科背景不同,传播学的研究者有些对多媒体等媒介教学方式进行探讨,有些强调教师作为传播者在跨文化传播中的重要性,有些在此基础上探讨教师传播能力培养问题,但与具体教学的结合并不十分紧密。汉语国际教育领域的研究更为多样化,也有人从传播学角度解读教师培养问题,但主要是讨论孔子学院的教师培养,分析问题存在的原因,提出从制度角度进行规范;有人提出传播学模式在具体某课型中的应用;而有人通过对文化教学进行分析,强调文化差异,提出从传播角度寻求语言与文化教学结合的教学方式,着重点在于整体课程设计;也有人从整体角度对教学整个过程进行解构,提出文化教学的重要性以及一些提高传播效果的对策,但因期刊文章篇幅所限,分析较为笼统、简单。[①]

本节要做的是有的放矢地借鉴传播学中有关传播效果的相关研究,较为系统地来探讨如何提高文化传播效果的问题。在此基础上结

[①] 吴莉. 传播学视阈内的汉语国际教育研究[M]. 长春:东北师范大学出版社,2018.

合传播学相关理论进行分析,从而从传播效果角度对汉语国际教育中文化传播的有效性进行探讨。

一、文化传播教学的内容

随着全球范围内学习汉语的人越来越多,汉语学习者的国家构成也越来越复杂,早已不局限于我国的邻国。对于文化教学来说,学生的文化背景是一个非常重要的考虑因素。例如东亚国家的学生,尤其是日韩学生以及马来西亚、新加坡等地的华裔,都受儒家文化的影响与熏陶,在思维方式和问题理解上与中国人的差异相对较小。而来自欧美、中东、非洲的学生,由于所处的文化背景完全不同,对中国文化的理解相比东亚国家的学生有较大的难度。

然而,目前的汉语国际教育并没有对不同文化背景的学习者加以区分,有时亚洲学生觉得显而易见的观点,欧美学生却无法理解,这样则导致文化教学的效率低下,效果欠佳。因此,文化教学的内容应当考虑到学习者不同的文化背景,因材施教,设置不同的重难点,采取不同的教学策略与方法。对于更容易理解和接受中国文化的外国学生群体,可以适当地加深文化教学的内容,引发学生对于价值观深层次的思考。而对于与中国文化背景相差较大的群体,则可以从基础层面入手,在文化理解积累到一定程度之后再提升难度。

二、文化传播教学的教师

关于文化教学的施教者,有的学者认为文化教学应当由中文系、历史系、哲学系等科系来主导,让留学生与中国学生进行一样的汉语言文化学习。而有的学者则认为教学对象的不同导致教学内容、教学方法和手段都要有所不同,因此主张对留学生的文化教学还是应当由对外汉语学科的老师来进行。但是无论从哪种观点看来,国内的文化教学还是更倾向于专门的文化知识的学习,而非在语言教学过程中文化因素的渗透和对汉语学习者跨文化交际能力的培养。教师是教学的中心环节,可以说教师的专业水平及文化素养在很高程度上决定了教学的整体质量和学生的学习热情。随着对外汉语培训课程及学位项目的增多,汉语国际教育的教师队伍虽然逐渐壮大,但是质量却参差不齐,具备跨文化意识的汉语老师并非绝大多数。事实上,很多汉语国际教育的老师本身缺乏国际交流经历,鲜少与外国人打交道,更不具备良好的文化敏感性和跨文化交流能力。这样的老师很难客观对待文化差异,有时自己在教学的时候都会经历文化冲击,更不用说帮助学生度过文化不适并引导学生建立包容的文化价值观。反之,一个具备良好跨文化能力及意识的汉语国际教育老师,能够在学生汉语学习的初期培养起他们对文化的热情,使学生感受到语言与文化的联系,从而拓宽视野,对汉语语言和文化进行更丰富的学习。

除此之外,相当一部分汉语国际教育教师对于语言教学和文化教学的关系还仅仅是非常片面的认识,并不能很好地将语言与文化融会贯通。这是由很多因素造成的,例如我国的应试教育体系,导致教师只注重分数能够衡量的语言知识,而忽略与语言能力间接相关并且同等重要的文化内容。然而,即便教师有意识地进行文化导入,也受自身知识水平与结构的限制,很难达到很好的效果。这些问题都是未来在汉语国际教育教师培养的过程中应该考虑和注意的。

三、文化传播教学的教材

近年来,汉语文化教学的教材层出不穷,其中既有知识文化类教材,也有交际文化教材,还有一些专门文化领域的教材,例如古代文学,成语俗语等。

纵观市面上的汉语文化教材,有一个很大的特点就是形式多样,体例自由。这与汉语语言教材的编写有很大的不同。语言教材的编写有既定的划分依据,例如按语素分可分为语音、语法、词汇;按照能力培养可分为阅读、听力、口语、写作等项目。而文化教材的编写却缺乏一个合理并被广泛认可的划分依据,导致教材的编写体例多种多样,有按照文化专题分类的,有按照历史进展叙述的,也有按照文学流派进行分类的。虽然看起来文化教材的内容涵盖广泛,可是却导致其缺少完整的逻辑体系和相关性,也使得文化教学的目标模糊不清。

还需要指出的是,一部分文化教材的内容较为陈旧,且缺乏实用性。国内大学进行对外汉语教学很多时候是选定一套不太实用,甚至存在错误的信息。因此,教师应当配合教材,在课堂上及时展示一些新的学术成果、资讯与信息,保证学生接触到中国最前沿的消息。此外,除了教授经典文化之外,应当适当加重现代文化的比重。相当一部分外国学生对中国当代的社会经济文化发展并不清楚,再加上一些国外媒体的歪曲报道,令许多人对中国产生误解。而文化课正好提供这样一个机会和平台,可以拓展学生的视野,让学生更加了解中国当今的社会、经济、民生、风俗,给学生一个更真实、更广阔、更全面的视角来了解中国。

随着21世纪经济全球化、文化多元化进程的加快,中国作为历史文化悠久的大国为国际社会所关注。汉语作为世界了解中国及中华文化的重要载体,越来越受到外国政府、教育机构、企业和民众的重视。全球"汉语热"的不断升温,不但提升了汉语的实用价值,也为中国文化走向和融入世界创造了难得的机遇。基于对国际形势的准确把握,2005年11月国家制订了把"对外汉语教学"转向"汉语国际推广"新的发展战略。

1950年,我国接受了第一批来自东欧国家的33名留学生,揭开中国来华教育史的第一页,到现在已经70年,各国来华留学人员总数超过63万。据国家留学基金委最新统计,全国有400多所高校招收来自180多个国家近20万名留学生学习汉语。从招生层次来看,从20世纪70年代末的预备教育发展到20世纪80年代的汉语言本科专业或语言文化专业,从20世纪80年代中期的研究生专业,到1999年设立我国第一个对外汉语专业博士点,开始培养本学科的高层次人才。从学科性质上看,已从前40年的经验型转为后30年的理论型和科学型。该领域事实上已经成为一个相对独立的教育教学领域,形成独特的学科理念,拥有特定而又庞大的、源源不断的教育教学对象,形成了一整套独特的教育教学方法。它已经形成了一个独特的新型的专门学科。然而,本学科在学科理论研究、学科定位方面远远滞后于学科的发展实际。一是学科定位不合学理、不切实际。例如,1998年教育部颁布的普通高等学校本科专业目录上"对外汉语"被列在二级学科目录里。这种学科设置定位与学科发展的实际之间,犹如大脚穿小鞋,脚长鞋不变。二是与上一点相联系,本学科现有的学科名称不精确、不周严、不到位。孔子曰:"名不正则言不顺,言不顺则事不成。"要适应目前汉语国际推广与传播新形势的需要,就有必要先对这个学科的命名问题加以探讨,在此基础上对学科的性质、理念与方法等做出进一步的思考、论证与阐述。

第二章 文化理论与汉语国际教育

第一节 文化对话与汉语国际教育

一、对话理论

巴赫金(Bakhtin)的对话理论20世纪末在中国国内文学界受到重视和认同,虽经波折,但终为学界所接受。巴氏对哲学、诗歌、小说、美学、语言学、心理学、教育学等多方面都有论述,引起西方各界学者的注意和研究。国外的语言学界对巴氏的对话理论研究自20世纪60年代末开始,涉及的范围包括了众多方面,其中就有语言和第二外语教学方面。然而中国国内将其对话理论用在语言学研究方面还不常见。巴赫金的对话理论,国外学界解释众多,但就关于语言学的讨论方面,都涉及了辩证法和对话的关系。

1973年2—3月,马雅可夫斯基生平与创作的著名研究者杜瓦金对巴赫金进行了采访。巴赫金谈及辩证法和对话的关系:"有这么个老问题:对话与辩证法,两者的相互关系……我的观点是:辩证法是从对话中产生的,然后辩证法又让位给对话,但这个对话已是高一级的对话,较高水平的对话。"

根据笔者个人的理解,这也就是说,辩证法是一个整体的两个对立面;而对话是两个不同的整体在相互交流过程中产生出来的一个新的、具有本身两个对立面的辩证整体,这个新的整体同时包括了对话双方的自身与对象,过去和现在,外在与内在,理解与被理解,是由对话的双方所共享的。用中国的成语打比方,如果辩证法是"塞翁失马",是同一个问题的两个方面,好与坏并存,还可以互相转换,那么高一级的对话则是塞翁与伯乐的关系。塞翁去问伯乐,马为什么是好马,伯乐的解释或为塞翁所接受,于是以驯养好马为业。但塞翁又发现新问题,对伯乐提出新问题,甚至质疑。塞翁与伯乐的这个关系又是辩证的,他们的对话又引发了新的问题,有了新的成分,又有了好马与坏马的两个方面。于是对话就不再局限于原来的话题,而是达到了新的阶段。

对话不仅是一种言语行为,它是与社会文化因素有很大关系的。从哲学上看,我们不妨再从巴赫金自己的论述中寻找基础。巴氏在《论人文科学的哲学基础》一文中是这样阐述的:"双向的契入认识的复杂性。认识者的积极性与袒露者的积极性(对话性)。善于认识与善于表现自己。这里我们看到的是表现和对表现的认识(理解)。外在与内在的复杂辩证关系。个人不仅有其环境和周围,而且还有自己的视野。认识者视野与被认识者视野的相互作用。表现所含的诸因素(身体作为并非僵死的物性、面孔、眼睛)。这些因素中交织结合着两个意识(我与他人),在这里我是为他人而存在并借助于他人而存在。具体意识的历史,他人(有爱心的他人)在这一历史中的作用。自己在他人身上的反映。""周围与视野的相互关系,我与他人的相互关系,与这一关系相联系的文艺学和艺术学中的具体问题;区域的问题;戏剧的表现。""契入他人(与他人融合)与保持距离(自己的位置),以求得认识的超视。""人文科学的对象,是表现的和说话的存在。这个存在任何时候都不等同于自己,所以它的内涵和意义是不可穷尽的。"同时他指出:"理解是看到涵义,但不是现象学的观照,而是看到感受和表现的生动内涵,是看到内在领悟了的、可说是自我领悟了的现象。"[①]

这里巴赫金谈到了理解、环境、存在和领悟。巴赫金的对话的含

[①]王立新,刘春兰. 汉语国际教育论集[M]. 天津:南开大学出版社,2014.

义取决于三个因素:对话者共同的空间、对话者的共识与对情景的理解和对话者对情景的共同评价。任何比喻如果想在任何一种特定的交流中起作用,在说话人和听话人中间就一定要有一个"共同的空间",或者说是双方相互明白的、互通的概念,也就是大家所谓的对话空间。这两个例子都说明了巴赫金所阐述的对话双向的契入认识的复杂性。对话的双方都有对话的积极性才可以对话,同时双方都要善于认识与善于表现自己。从"酌情处理"和"等闲视之"中我们看到的是双方缺乏表现和对表现的认识,也就是所谓理解或共识。认识者视野与被认识者视野因为对成语的运用和理解不同而没有相互作用。没有这种相互作用,对话就不能展开,理解也就无从谈起,共识也就更无从建立。

二、跨文化对话和成语跨文化对话

我们常说要了解一个对象,应该"知其然,也要知其所以然"。跨文化对话之重点就是在于知对话人之"所以然"。孙子兵法说,知己知彼,百战不殆,知己而不知彼,则只有五成的机会。长期以来,我们看到的一些著作都是在作知己的文章,知彼似乎并不重要。有些不但不求知彼,更是想当然。这些想当然在非常大的程度上成为误解的开始,甚至变为误导。

在人们撰写东方文化书籍的时候,会有一个参照,如崔希亮所指,就是被我们称为西方文化的那个东西。但是这个参照并不清晰。因为不大清楚"西方文化"是什么,也并没有十分努力地去将这个参照变得清晰;很多人没有用心去对照东方和西方文化的不同和相同,没有深入西方文化的细微部分;还有的时候由于人们对写在白纸上的黑字格外信任,将一些出版物作为理所当然的根据反复引用。因此,有心的读者常看到一些"旧照片"的翻版,或一些旧图像加新框框的书籍或文章。对于从事东西方文化研究和交流的工作者来说,应该十二分努力地去扭转这种局面。

在成语对比的时候也应注意同样的倾向。近年来有很多成语文化内容的著作。作者们花大力气对中国成语的文化内涵进行分析。分析内容之细致,从成语的结构到成语的用字无所不包。值得注意的是,很多书籍还在某种程度上与英语、俄语成语比较。然而这些比较很不系统,对英语成语的分析流于表面意思的对应。但是有一点是清楚的:即不少人已经意识到成语在跨文化对比上的作用。

成语跨文化对话就是以成语为切入点,通过中国成语和外国成语的由表及里的深入分析,更清晰地了解各国文化之间有什么共同的核心价值。有共同价值,就有对话空间。有对话空间,就有了解的起点,就有互相信任的基础。有一点要指出的是:对话不是"训话",一定要有来有往;对话的目的不是统一思想,不是要求对话的一方接受另一方的观点,而是在对话的过程中对自己和对话人不断地认识。成语跨文化对话的价值在于,它能够使人们通过成语来认识对方,同时认识自己。培根说:"一个民族的天才、聪颖和精神是通过其成语表现的。"如果我们想了解语言不同的人群,我们就不但要研究我们自己生活环境中使用的比喻,还要研究他人在其生活环境中使用的比喻,只有通过这样的深入对比,我们才能对他们有更好、更深入的理解,才能寻求与他们的最有效的沟通。成语正是这个去理解、去沟通的对话窗口。

如笔者一再强调的,跨文化对话的第一步是创造对话的平台。所谓平台,就是无论站在哪一处都是同样高低的一个空间。跨文化对话是双方或多方的理解,是互动的关系;至于各方能否达成一致或共识,是第二步。如果人们能够通过对东西方成语的对比,找出东西方文化的相同、相通、不同,跨文化对话就有希望成为一句实话,共建现代双文化世界就有可能。

三、汉语国际教育可在跨文化对话中发挥积极作用

笔者认为,对外汉语多年来一直以"教汉语"为目标,重视的还是技能的训练,还缺乏主动的跨文化对比和对话的意识,还没有将对外汉语作为一个跨文化对话的途径。这也是近年来出现"对外汉语课程要不要增开文化课"这类问题的原因所在。对外汉语之所以处在技能训练的状态,是因为我们对这个学科在"共创和平世界"中的作用没有充分的认识。对外汉语的性质决定了它的"跨文化"性质。近年来可以看到很多对外汉语学科的研究人员和教师对"跨文化"意识的提高。这为对外汉语是"跨文化对话的途径"提供了有力的支持。对外汉语教学的每个教师、学习汉语和其他任何语言的学生,都是文化大使,都是跨文化对话的主力军。所谓对话,是主动的、有意识的行为。对外汉语教学的过程正是培养这种意识的过程。

对外汉语本身就是跨文化对话。通过教师与各国学生、各种文化的积极交流,对外汉语必定会成为跨文化对话的有效途径。寻找有效的教学方法也是寻找有效的对话方法。应充分利用对外汉语的有利条件,积极主动地提高跨文化对话意识,主动、有效、长期、大面积地开展跨文化对话,将"跨文化交际"提升到"跨文化对话"的高度,在教授汉语的过程中,学习其他文化,反思中国的传统文化价值,吸收各民族的优点,必能促进世界和平和共建多元文化的新世界。

第二节 跨文化交际与汉语国际教育

一、汉语国际教育——跨文化交际活动

(一)汉语国际教育和跨文化交际

跨文化交际是指在具有不同语言或文化背景的人之间开展的交际。汉语国际教育是指面向海外的母语为非汉语者的汉语教学。"汉语国际教育"由"对外汉语""中国语言文化""中国学"等整合而成,其

目的是培养目标为具有熟练的汉语作为第二语言技能和良好的文化传播技能、跨文化交际能力,以适应汉语国际推广工作的高层次、应用型、复合型专门人才。从汉语国际教育的定义和目的可以看出,汉语国际教育的参与者往往文化背景不同,国别不同,其目的是培养具有跨文化意识的人才,且汉语国际教育活动的进行和展开离不开文化的基本依托,因此汉语国际教育不仅是语言教学,更是文化教学和跨文化教学。目前,汉语国际教育界已达成了全球共识,即汉语国际教育必须导入和贴近文化教学,语言教学离不开文化。

(二)语言与文化的关系

语言与文化息息相关,沃尔夫假说(Sapir—Whorf hypothesis)应用于语言和文化的观点清晰明了,即语言反映了文化,文化反映了语言。语言是一个复杂而独立的概念体系,界定我们的生活经验,建构我们的文化;不同语言系统建构不同的、相互之间存在文化休克的、文化不适应和交际障碍的文化。文化反过来赋予语言意义,并用语言将其引出、表述出来;语言记录并传递着文化。因此,在汉语国际教学中,跨文化教学是必不可少的。①

二、汉语国际教育中的中介语和中间文化现象

(一)中介语和中间文化对汉语国际教育的影响

汉语国际教育的最终目的是培养具有交际能力和跨文化传播能力的高层次、应用型、复合型的专门人才。在此过程中,如何解决汉语教学和教学实践中的文化冲突和矛盾是实现最终目的的必要条件。汉语国际教育是第二语言教学活动,由于汉语学习者是在母语基础上以及具有母语和母语文化认知的情况下学习汉语,因此其汉语的学习不可避免地受到母语的影响。就像德国的英语教学法教授Butzkamwt所形容的:"母语不是一件外衣,学习者在踏入外语教室之前可以将其

---

①伍艳香,田野.跨文化交际视角下的汉语国际教育[J].考试与评价(大学英语教研版),2018(02):48-52.

脱下,弃之门外。"正相反,母语对二语习得者具有不可忽视的迁移影响。

我们称二语习得者的母语为本族语,其要学习的汉语为目标语。由于受到本族语和他文化的影响,学习者不能完全习得目标语,而是会形成一个中间状态(Intermediate States),Larry Selinker用中介语(Interlanguage)来指代中间状态,中介语是学习者在本族语影响下所习得的语言,即学习者的语言。

(二)本族语的正迁移现象

本族语的迁移对二语习得者具有正迁移和负迁移两种影响。当学习者的母语结构或规则用于第二语言中,并且这种用法是恰当或正确的,就发生了正迁移。汉英两种语言的陈述句都由主语和谓语两部分构成,基本语序为"主语+谓语+宾语"。掌握这一点,对母语为英语者学习汉语大有裨益,这就是语言的正迁移。

(三)本族语的负迁移现象

同一语言也会出现负迁移现象,例如:I will go to school tomorrow,说英语的人将其转换成汉语会变成:我去学校明天。对于汉语初学者来说,出现上述错误是相当正常的。把上述英语和汉语病句相比较发现,这些病句跟汉英两种语言结构上的差异有关。即英汉两种语言在时间状语所处的位置上有较大差别。在英语中,它处在句首或句末;在汉语中它一般位于句首或者谓语动词前。因此,汉语国际教育中,教师要关注语言迁移现象,对负迁移可能发生的地方要作为教学重点讲授给学生,并加以反复练习。

语言和文化联系紧密。在形成中介语的过程中,中间文化也随之产生。中间文化产生的过程是一个动态调整适应过程。学习者遇到与自己原有文化认知不同的部分时,思想产生矛盾,甚至产生学习汉语的抵触情绪,经过进一步的学习和适应,慢慢学习、知晓、掌握和应用中国文化,最终在母文化和中国文化之间达到一个融合的中间状态,即中间文化状态,也叫第三空间文化。因此,在汉语国际教育过程中,对外汉语教师应该对文化差异和文化距离的教学给予关注。文化差异和文化距离的大小直接影响中间文化状态的形成,从而影响中介语的形成,即二语习得者的学习效果。

第三节 跨文化美育与汉语国际教育

一、跨文化美育对汉语国际教育的必要性

作为语言教学,是否需要进行审美教育?美国在2006年出版了《21世纪外语学习标准(第三版)》,提出了外语学习的五个标准:交流、文化、贯连、比较与社区。汉语作为语言教学,教的不仅是语言知识本身,还包括文化,而中国文化当然也包括中国人的审美观念和艺术传统。"贯连"指的是语言与其他学科的联系,语言与其他学科结合以获得语言的文化价值和实用价值,即汉语教学可以结合历史、哲学、艺术等学科学习,理解语言背后的文化及所包含的人文学科知识,进而形成自己的多维度知识面。"比较"强调汉语与学习者母语的比较,东方与西方的美学审美角度与方法不尽相同,但可互取所长,亦可让汉语学习者学会理解与欣赏中国美学,接受新的审美思维方式,从另一个角度发现美。

《欧洲语言教学与评估框架性共同标准》则提出培养学习者语言能力、社会语言能力及语用能力的要求。较高层次汉语学习者除了能在常见交际情景中自由交流有关话题外,亦能理解及谈论比较深层次的话题,包括文学、哲学、艺术等方面内容。[1]

中国文化资源极为丰富,许多内容都可让其他民族鉴赏。然而,在实际情况中,部分外国人特别是非亚洲文化圈的人对中国文化了解

---

[1] 漆凌. 新媒体时代对外汉语教学中的审美教育[D]. 武汉:华中师范大学,2013.

不多。究其原因,可能有五点:一来由于语言问题;二来由于双向文化交流少;三来由于地缘隔阂;四来由于文化差异,中国对本土文化的推广或传播方式没有被广泛接受或获得国际认可的作品较少;五来由于中国的政治经济地位问题。近年来,随着中国经济的迅猛发展,"汉语热"传到世界各地,中国文化渐渐成为国外民众及媒体经常谈论的话题,但对中国文化理解的深度与广度仍不够。除莫言、成龙、李小龙及《孙子兵法》等名人或名著外,许多外国人都不了解其他名人、文学影视及艺术作品。近年出版业亦在大量翻译中国的经典著作及流行作品,但翻译水平参差不齐,一些外国读者反映看不懂中国的一些译作,原因可能是文化差异,亦可能是翻译水平有待提高。孔子学院经过十多年发展让更多人认识"孔子",但多数人除了知道他为中国著名教育家外,对儒家思想的了解少之又少,亦没有多少人真正阅读过有关孔子思想的著作。甚至网络上流通的一些名言并非出自孔子或跟儒家思想并无关联,但却被冠上孔子的头衔。

正由于上述情况的存在,汉语国际教学任务重大,除了教授问候、数字等语言知识外,更要引导学生理解背后的文化内涵,带引学生欣赏中国文化之美。

二、跨文化美育在汉语国际教育中的可行性

在实际教学情况中,不同的汉语教学机构亦考虑到语言教学中人文审美的重要性,设计多种多样的教学活动让学生参与其中,用创新的方式解读中国文化。这一行为本身便可促进中国人对自身文化以一种全新的方式进行思考及欣赏。

通过笔者实践及观察了解到,一些学生开始学习汉语的原因是对中国文化感兴趣,而汉语教学应抓住这一特点,激发并维持其学习兴趣,毕竟语音及汉字学习对大部分外国人来说都是难点,刚学时难免有畏难情绪。因此,在汉语教学中大可贯穿各种学科知识,丰富教学材料与主题,让学生爱上并学会欣赏中国文化,从而用心地继续学习

汉语,毕竟内在动机对学习积极性及学习效果的影响更为深刻。在当今汉语国际教育的大环境下,学生主要在孔子学院或课堂及国际学校两种机构学习汉语,两者各有特色,教学方法亦不尽相同。

(一)诗词导入

明代以后,中国美学中文人画的出现使诗与画的统一成为可能,诗人与画家合二为一,在哲学意义上主客观得以动态化的和谐统一。外国人学中国诗,鉴于文化背景差异及语言原因,很难用中文赏析诗词,要通过译文的方式进行注解,但是诗词可作为学生训练语音语调的练习,从原文中亦可了解到中国古诗的韵律规则。而儿童学诗时,亦可根据意境及诗意作画表达自己对诗的理解,发挥每个儿童的创造能动性,实现"诗与画的统一"。

(二)书法国画课

听着悠扬的民族音乐旋律,教师介绍中国书法和国画,让学生欣赏不同书法字体之美及不同类型的国画,向学生介绍简单笔画的书写方式及国画基本知识,让学生感受不一样的书写及作画方式,激发他们对学习汉字的兴趣。

(三)讨论中国故事

讨论《愚公移山》等中国经典故事及文学作品的价值。一千个读者有一千个哈姆雷特,一千个学生对同一个艺术作品可能有不同的看法。很多中国传说、成语故事及寓言都承载着不同的意义价值,但由于学生来自于不同的文化,可能对这些作品有不同的见解。在分析讲述其传统意义价值前,不妨让学生讨论一番,听听他们对这些作品的观点,可能会有截然不同的收获。最后再跟学生阐述这些故事在中国所暗含的内在价值观,让学生从中国人的角度理解并思考,目的不是让学生表示赞同或反对,而是一种文化的碰撞,了解多元文化,开阔视野。除了课堂活动外,亦举办多种课外活动,吸引学生及当地民众参与其中,作为一种文化传播的渠道。

（四）文化讲座

开设茶艺、中国音乐、龙文化等专项讲座,吸引不同人群参与,在讲座中接触中国文化。如与心理学公选课的老师合作讲授神话学,浅谈中国龙文化、龙图腾。可与不同院校进行合作,定期推出多样化的专题讲座,邀请教师到课堂中讲解或以讲座形式讲述,覆盖更多层面的学生及群众。

此外,国际学校大多会设立中文课程,学生可选修。一些学校采用IB课程的教授模式,该模式得到西方大学的普遍认可,因此在中学阶段优秀学生都会修读IB课程作为大学的预科课程。学者阚维提到IB课程的一个明显特点是没有确定的教材,而这正是跨学科素养培养的现实挑战。该课程模式对中文教学中人文审美教育的建构有一定的启示,IB课程强调跨学科的素质培养,作为中文教学,亦需要改变思路,不局限于语言教学本身,通过文学赏析等方式培养学生的学习探究能力。

在具体的操作方法中,笔者观察到:在小学课程中,一些课堂教师通过阅读故事书、讲故事并结合教学道具的方式教学,学生通过读书、听故事积累语言知识,教师虽然未对生词一一进行解释,但能通过图画、动作、声音等方式让学生明白故事梗概,在沉浸式环境中学习汉语。在中学课堂中,高年级学生或华裔学生的汉语水平较高,他们通过按阅读计划阅读—答题—分组讨论—演话剧—教师点评—写读书笔记及论文—教师评价的方式分析欣赏《雷雨》等经典文学作品。IB语言A课程大纲要求学生3年读10~13本书,一学期的阅读量达上百万字,主要考查学生对作品和知识的理解、对问题的回应、对文学手法的鉴赏、组织与展开及语言五个方面。这种模式强调学生的创造性、批判性思维及对文学作品的个人见解,教师引导学生鉴赏外国文学,而学生亦需要对文化和背景进行深入探究以助理解作品。从人文知识到人文素养需要一个蜕变,而催化剂就是审美教育,培养人们对一切事物进行美丑判断的能力。IB课程中的文学阅读模式是对文学作品的不同方面进行评价及分析,这一过程无疑有利于提升学生的文学素养,有别于单纯灌输文学知识这一传统课堂模式。

中文教学不应仅限于语言本身,有必要且能采取多种方式构建人文审美教育,让学生陶醉于中华文化之中,感受东方文化精髓。

第三章 跨文化视域下汉语国际教育第二语言习得

第一节 语言教学与第二语言教学理论

一、语言教学

语言教学与其他教学活动一样,有其特定目的、计划和方法,是教育活动的重要组成部分。在国外,对语言教学的说法有很多种,常见的有教育语言学(educational linguistics)、外语教育(foreign language education)、外语教学(foreign language teaching)、应用语言学(applied linguistics)等。其中教育语言学与狭义的应用语言学相似,都强调语言教学对语言学的依赖;外语教育和外语教学虽然包含的范围有所区别,但都将重点放在外语上,把以第一语言为教学对象的语文教学与以外语为教学对象的语言教学区分开来。不管侧重点有何不同,各种说法都不否认:语言教学总是以语言学、心理学、教育学为主要理论基础,以培养、提高受教育者的语言能力为主要目的。①

一般来说,广义的语言教学包括第一语言和第二语言的教学。第一语言是人自出生起最早接触并自然习得的语言,多数情况下就是一个人所属民族的本族语。第二语言是人掌握本族语后习得或学习到的语言。无论是第一语言还是第二语言教学,其目的都是培养学生的语言能力和语言应用能力,教学内容都包括语言要素、语法规则、语言应用技能、言语交际技能以及相关的文化知识。二者的基本教学原则

---
① 傅其林,邓时忠,甘瑞瑗,等. 汉语国际教育导论[M]. 重庆:重庆大学出版社,2015.

和教学方法也有许多共通之处。

但是人从出生起就开始接触第一语言,并在不知不觉中逐渐自然习得语言。因此第一语言的教学通常是在学生已具备基本语言交际能力的情况下进行,教学语言与目的语言也是完全一致的。比如以汉语为第一语言的小朋友在上小学前已具备基本沟通能力,但仍然要参加汉语学习,只是教师的教学重点会逐渐从最初的语言要素教学转向语言规范、语用规则及文化知识的教学。学生通过有计划的教学活动,进一步丰富他们对第一语言材料的熟悉和了解,训练其自觉运用第一语言的能力,包括听、说、读、写等基本技能,也包括对母语文化的了解。由于第一语言的听说能力随时可以得到锻炼,在这一教学过程中,书面材料显得格外重要。

第二语言学习者的情况则大不相同,大多数人一开始对所学语言所知甚少,既听不懂,也不能读,因此一开始需要从最基本的发音开始,并且从初级到高级阶段都要经过大量的操练,才能逐渐掌握语用基本规则,真正做到说得出、听得懂,并逐渐学会对书面材料的处理,包括阅读、写作等。此外,二语学习者母语的特点总是会对他们学习目的语造成重要影响,如何合理应用正迁移、消除负迁移就成了教师教学过程中必须重视的问题。

针对二语教学的这些特点,教学实践者和研究者们从不同的角度出发,提出了很多有价值的教学原则、教学方法。第二语言教学经历过以语法教学为主的初级阶段,但现在的教学者越来越清楚地意识到,二语学习者最终的目的是学会使用语言,因此培养学生在真实语境中的语言交际能力才是最重要的。也许正是因为二语教学与一语教学相比有更大的难度,一语教学的问题多数在二语教学过程中也会遇到,因此今天我们谈及语言教学,常特指第二语言教学或外语教学。

二、第二语言教学

第二语言教学的定义可以简要概括为教授本族语以外的语言教

学。例如,一个中国人学习本民族以外的语言,其所学语言就是第二语言。为了达到更优质的教学成果,第二语言教学法需要综合运用多个相关学科的科学成果。

20世纪80年代后是第二语言教学法发展的重要时期。这一时期,各种全新的教学方法相继出现,形成了流派纷呈、百家齐放的局面,展现出第二语言教学法作为新生事物强大的生命力,以下逐一简单评价。

(一)语言翻译法

语言翻译法是最早的语言教学法之一,中世纪时在一些欧洲国家被应用于拉丁语和希腊语的教学中,其方法主要有两种:一是互译,即将拉丁语或希腊语译为本国语,或相反;二是背诵文法规则。这种教学法数百年来取得了一定的成效,其优点是以翻译作为教学形式,注重语法规则的学习和语料的规范性。然而其自身也存在一定的局限性:如过分重视语法规则和语言知识,而对于语言能力的运用则较为忽略。同时也存在诸如对母语过分依赖、教学方式枯燥等问题。

(二)直接法

该教学法起源于19世纪的欧洲,其"直接"在于要求学生直接用外语学习外语,而不使用母语,即模仿幼儿学习母语的自然过程来进行二语习得。这种方法的优点是注重学生外语思维能力的训练,强调口语教学,强化学生的感性认识。该教学法在欧洲出现以后,影响了很多国家的外语教学,对我国的对外汉语教学同样影响巨大。但是这种教学法过度套用儿童习得母语的过程,而忽视了成人的特点,其推广受到一定的限制。

(三)听说法

这种方法最初于20世纪40年代被应用于训练美国的军事人员,以达到短期、强化、速成的目的。这种方法以教师授课为主,要求学生反复操练以达到对外语自由运用的效果,而教师对其严格纠错,以培养学生良好的语言习惯为主要目的。听说法吸收了结构主义语言学等前沿理论,也比较适应外语教学的客观规律。然而听说法也有一些固有的缺陷,如对语言形式过分重视,对于语言本身的意义则有所忽视;过分重视语言训练,而忽视了人对语言的认知能动性。

(四)交际法

该教学法于20世纪70年代在欧洲发展起来,注重学生交际能力的训练,要求学生能够适当地运用语言。交际法一改以往以教师为中心的模式,强调以学生作为教学的主体,教学服务于学生的交际需要,容忍学生出现一些语言错误,如果不影响交际效果,尽量鼓励学生发挥使用语言的主动性。这种教学法极大地提高了学生的积极性,学生交际能力也有显著提升。但是交际法也存在一些缺陷,如该教学法的一些标准难以界定和量化,对语法知识的学习有所忽略等。

从上面的论述可以看出,一百多年来以来,学者们一直在试图创建一种理想的第二语言教学法,所以学者们把这一时期称为"方法"时代。到了20世纪80年代,学者们纷纷对语言教学"方法论"进行反思,出现了一股反对"方法论"的潮流,试图找到更为有效的教学方法。正是在这种时代背景下,"后方法"语言教学理论开始崭露头角。这一理论的倡导人是美国著名语言教学专家库玛教授(B.Kumaravadivelu)。库玛教授任教于美国圣荷西州立大学(San Jose State University)的语言学和语言发展系,他在第二语言教学法的研究领域成果突出,开拓了第二语言教学的研究视域,是当今世界第二语言教学"后方法"时代的领军人物。其提倡的"实用性""特殊性"和"可能性"三大概念对传统语言教学产生巨大的影响和冲击。"实用性"是指通过教师对自己的教学方法的反思和改进行动来达到"有效教学"的目的。"特殊性"是指无论进行任何第二语言教学,都必须重视该语言的特殊教学环境,以及在特定环境中特定的教学目标。"可能性"是要求第二语言教学不仅限于课堂教学策略、教学材料、教学目标和评价方式,还应当考虑直接或间接影响第二语言教学的历史或文化等人文背景因素。

21世纪初,第二语言教学的"方法时代"转向"后方法时代"。库玛教授所提出的"后方法"第二语言教学理论,超越了传统的语言教学理论,提出了许多值得借鉴的开创性方法,其主要目的是从传统的语言交际能力的培养转向语用能力的培养,尽可能做到因材施教,致力于平衡教师、学习者和语料之间的关系,达到互助相益,而不是顾此失彼。

第二节 汉语作为第二语言的需求特点

一、汉语作为第二语言习得的背景

从二十世纪五六十年代的对比分析假说和偏误分析假说,到20世纪70年代初中介语概念的形成,二语习得经历了一个快速发展的阶段,也是理论酝酿阶段,产生了一些经典论著,如Corder(1967)的"The Significance of Learner's Errors"和Selinker(1972)的"Interlanguage",直至今天仍有启发意义,尽管这些论文既不是量化研究,也不是典型的质化研究。

二十世纪八九十年代的汉语作为二语的习得研究有类似经历,前辈学者如吕必松等提出了一些宏观思想,对之后的研究有很强的指导意义。中介语概念的提出,是二语习得学科发展的分水岭,二语习得开始探讨习得机制,在方法上开始采用量化研究。量化研究的出现也是汉语作为二语的习得研究转折点,它摆脱了以往完全依赖经验的研究方法,把结论建立在数据基础上。此外,随着量化研究成为主流,二语习得关注的不再是以前那种宏大的问题,而更多关注一些微观层面的问题。当中介语成为研究对象后,这种转变是必然的,符合二语习得学科的发展趋势:由宏观向微观转变,量化研究成为主流。只有当习得机制研究越来越受重视的时候,汉语作为二语的习得研究才能作为一个学科确立起来,因为此时它已不再是语言教学的附庸,尽管服务教学仍是其目的之一。①

虽然从20世纪90年代开始,量化研究开始涌现,但在国内的对外汉语教学界或者说之后的国际汉语教育界,严格意义上的汉语作为二语的习得研究一直是小众。这里所说的"严格意义"有两方面含义:一是回应二语习得界关心的问题;二是采用量化或质化的研究方法。之所以是小众,可能有两个原因,一是学界对习得机制研究的认可度不高,认为只要是对外汉语研究,目的只有一个——服务教学;二是二语习得研究有严格的研究范式,对结果的处理往往借助统计工具,这些都需要研究者经过严格的学术训练。

像其他人文社会科学一样,汉语作为二语的习得研究也有国内和国外两个阵地。当量化研究成为主要研究方法后,这两个阵地的差别显而易见。国内期刊发文,偏误分析类一直是主流,一些文章的观点比较老旧,谈起母语迁移,采用的还是"正迁移""负迁移"这样的概念,对迁移的复杂性研究不够。很多文章采用的假说还局限在对比分析和偏误分析,对一些新假说,如"特征重组假说"(Feature Reassembly Hypothesis),缺乏了解,更谈不上应用于实际的研究中。与此形成对照的是,国际主流期刊发表的汉语作为二语的习得研究的文章,一直处于学科前沿,虽尚未提出基于汉语事实的引领性假说,但是一直在学科大背景中寻找自己的位置,一直与二语习得学科互动。最近几年,国内期刊发文质量有显著提高。

二、汉语作为第二语言的需求特点

笔者认为,未来汉语作为二语的习得研究应特别关注三个问题。

第一,将汉语作为二语的习得研究纳入二语习得的学科框架,以

---

① 赵杨. 汉语作为第二语言的习得研究四十年[J]. 国际汉语教育(中英文),2018,3(04):92-101.

林观木,以木观林,避免自说自话。国内期刊论文,有些数据翔实,方法得当,但因为没有放在学科大背景下考察,没有找到明确的"靶子",只是描述自身的研究,使研究价值大打折扣。

第二,要有理论意识,挖掘汉语作为二语的习得规律和特点,对二语习得理论有贡献。当前的假说,大多是基于印欧语言的习得提出的,汉语作为二语的习得研究,即使与国际主流学术界接轨,研究成果也多是对已有假说提出挑战,但进一步提出新假说的很少。要提出基于汉语二语习得的假说,一是要有理论勇气,二是要认真研究汉语的特点。实际上,很多基于印欧语言的习得研究结论,从汉语的角度考量,都会产生新问题。比如对印欧语言时间表述的习得,按照语用、语词和语素的顺序发展,语用阶段主要是利用上下文、对比事件以及说话人之间的关系,语词阶段借助时间副词、连词、日历时间以及表示起始、终结的动词,语素阶段是使用动词的时和体。汉语缺少曲折变化,那么汉语作为二语的时间表述会呈现什么样的发展规律,就是一个值得研究的问题。也许由于汉语的特点,时间表述不会造成学习者习得困难。但无论有什么样的结论,都是对现有理论的修正,在更高层面提出新问题。

第三,要关注线上学习行为研究。互联网已经渗透到生活的各个方面,人们可以轻松获取线上资源,通过互联网学习汉语,语言学习形式发生了根本改变,学习者的学习行为也相应发生改变。线上语言学习将成为未来研究的一个热点。

第三节 北美学生汉语习得

北美学生具有其他洲外国人汉语习得的普遍特点,但也具有不同的特征,这与学习者以英语作为母语的情况是有密切关系的。

一、北美学生习得汉语语音特点

美国人汉语音调习得呈现出阴平比较容易,去声次之,而阳平和上声学习较为困难,容易混淆;也有学生学习阴平和去声的难度大,而学习阳平、上声和轻声的难度相对容易。北美学生声调习得错误类型主要集中在调域方面而不是集中在调型上,但是有的学生在习得阳平声调时显得最为复杂,具有调型和调域错误,首字最主要的错误是读得像低调,前低后高,就形成了低平调。由于英语是非声调语言,语调是北美学生学习汉语的难点之一,尤其是进入语言流后声调错误率急剧上升。在变调发音方面也较为困难,尤其是上声变调特别困难。从说话者的调域、声调的辨听偏误、发音偏误等方面对声调的习得进行的深入调查和研究显示,北美学生汉语声调习得具有相当大的难度和复杂性。[①]

二、北美学生习得汉字特点

北美学生习得汉字具有外国学生普遍的汉字习得特点,在汉字习得错误类型方面有形似形符的替代,如把"昨"字中的"日"写为"目";有义近形符的替代,如把"饮"字写成"米+欠";有相关形符的替代,如把"奶"写成"牛+乃";有形符的类推,如把"拿"写成"合+毛";有形符的累加,如把"相信"写成"想信";等等。北美学生的认读汉字的策略也具有规律性,初级学生更多借助视觉—字形和语音的混合策略,而中级汉语学习者主要采用语音策略,熟练程度较高的高级汉语学习者较少使用语音信息,汉字命名与字义识别是没有根本差别的。北美学生在书写错别字方面也有一定的规律性,随着汉语水平的提高,错字占错别字的比例开始下降,而别字的比例则开始上升。但是由于语言文化的差异,北美学生习得汉字也有一些新的特点,如在学习HSK等级的不规则形声字过程中,学习甲乙丙级字明显的平均错误率要高于日韩学生;在学习规则的形声字过程中的平均错误率比日本留学生

[①] 何丽芳. 加拿大学生汉语语音习得与教学[D]. 西安:陕西师范大学,2013.

高,相对韩国则较为复杂,平均错误率有时高有时低。

三、北美汉语学习语篇特点

北美汉语学习语篇也有其普遍性特点和特殊性。研究调查显示,北美初级学生在语篇照应方面出现的典型习得错误最多的是人称照应方面的错误,体现为"数"的方面不一致,如以"我们"照应语篇中的"我",尤其体现为代词照应多余的错误;也有些指照应不清楚的错误,如"我们现在在北京生活,离她太远。已经成家,独立生活";也有指示照应方面的错误,近指误用为远指或者远指误用为近指。代词照应多余的错误直接影响了篇章学习方面的错误,不能很好地运用省略,破坏了篇章中句与句之间的自然衔接关系。在句子顺序上,由于受到英语分句逻辑顺序的影响,也出现一些突出的篇章习得方面错误,另外关联词运用也是一个主要的篇章错误类型。

第四节 欧洲学生汉语习得

欧洲学生学习汉语的情况是比较复杂的,由于学习者的母语与文化多种多样,作为"非汉字圈学习者""拼音文字背景学习者",他们习得汉语在语言偏误分析、中介语、习得过程、认知特征方面既有一般外国学生习得的普遍性特征,同时也具有特殊性。作为一位优秀的国别化的汉语教育教师,应该对欧洲学生习得语法、语音、汉字、篇章、词汇、语用和文化、动机等方面的共同性与差异性进行深入把握,知己知彼,才能有效地针对欧洲学生进行汉语教育。

一、欧洲学生汉语语音、汉字习得

由于欧洲学习者的母语为非声调语言,所使用文字为拼音文字,在语音、汉字的习得上容易出现带有倾向性的偏误,从而对学习者的习得产生重要影响。从语音习得来看,受各自母语语音系统的影响,不同国家学习者对声、韵、调及更高层次语音特征的习得存在着差异。欧洲学习者的声调问题比声母、韵母更为突出,如匈牙利学生汉语双音词声调标注问题较大,法国学生学习汉语辅音的问题也较为突出,德国学生汉语元音学习受母语迁移的影响明显。就汉字来说,早在20世纪90年代德国著名汉学家柯彼德就明确指出,"学习汉语最大的难关就是中国的传统汉字"。而据调查显示,意大利学生学习汉字虽然同样很困难,但是学习发音,尤其是声调仍然是最困难的。欧洲学生学习书写汉字时,最主要的错误是笔画错误,其次是整字错误,最后是部件错误,而且初级汉语学习者不是用汉字笔画来书写汉字,而是用线条来描摹汉字。

二、欧洲学生学习汉语的动机

欧洲学生汉语习得与北美学生有诸多类似之处,不仅表现在汉语学习的语言特征方面,还表现在学习动机与兴趣方面。据调查显示,欧美学生内在学习动机在于对中国语言文化的兴趣,他们较少依赖于教师、课堂、教材等,喜欢与普通中国人交朋友、聊天。欧洲学生学习汉语受到荣誉感驱使、神秘感驱使、文化兴趣、求职需要、观光旅游等方面动机影响,对获取证书的要求不如韩国那么高。在学习环境上,欧洲学生比北美、亚洲学生更差,学习者在本国很难有汉语日常交流的机会,譬如意大利汉语学习课程环境也大多用意大利语完成中国历史、文化、文学等课程,意大利语的比重很大,这样学习策略就会出现不同的特点。据研究显示,意大利大学生在本国的学习策略强调元认知学的自我意识的矫正学习,通过录音磁带和语言实验室来强化汉语语音学习,还注重上课的口语训练、背诵汉语课本、去中国餐馆吃饭、寻找共同的语言伙伴等方式。①

当然,目前就欧洲学习者习得情况所展开的调查与研究也存在着

---

①宇璐.法国汉语传播研究[D].长春:吉林大学,2019.

一些不足。首先是语种的不平衡。已有国别化研究成果主要集中于少数几个语种背景,如英语、德语、法语、意大利语、西班牙语、俄语等,而这些语言之间也存在着显著的不平衡。其次是研究内容的不平衡,对语言系统的研究较多,对学习者本身进行的研究总体来看仍显薄弱;共时上的静态研究较多,历时上的动态研究较少。此外,将欧洲不同国别学习者的汉语习得情况进行综合性、系统性的研究还相当不足。随着汉语国际教育的不断推进,研究者们所接触的材料更加丰富、更加多元,其研究对象也逐步拓展到海外的学习者,国内外的研究必将更好地形成互补。

第五节 亚洲学生汉语习得

近十几年来,亚洲其他国家的学生已将中国视为留学国度的首选,"学习汉语,留学中国"在亚洲逐渐成为一股新的潮流。与欧洲和美国不同,亚洲其他国家在地缘上与中国最为接近,其中东亚、东南亚的一些国家或华人社区同属汉字文化圈。因此,虽然亚洲地域广大、民族众多,几乎没有统一的"亚洲文化",但是,亚洲学生在汉语习得过程中来自文化方面的障碍不太明显,而最主要、最普遍性的障碍却是汉语语音的习得和汉语汉字的习得,其母语与目的语汉语的语音和汉字字形之间的异同点构成了很大的负迁移因素,从而强烈地干扰着他们的汉语学习。

一、亚洲学生汉语语音习得

语音学习是第二语言学习的重要基础,也是二语学习者的首要困难。自1977年吕叔湘倡导用对比法研究汉语以来,汉语作为第二语言的语音习得方面的研究硕果累累,尤其是对于母语为日语、韩语、泰语等的亚洲学生汉语语音习得方面的研究得到了空前的重视。中国教师以多年的亚洲留学生《现代汉语语音》课堂的教学经验发现,亚洲学生对于语音的学习最感困难的是声母和声调。来自韩国、日本、印尼、泰国、越南等国的学生,普遍难以学好三组声母/zh/ch/sh/r/、/z/c/s/、/j/q/x/,他们发音不准,也无法将这三组音区分开来。印尼学生表示,印尼语中没有/zh/ch/sh/r/、/z/c/s/的音,而/r/很容易与其母语的弹舌音相混淆。光州女子大学的王秀珍指出:韩国学生汉语语音习得的最大难点是/zh/ch/sh/r/、/z/c/s/、/j/q/x/这三组声母的学习,出现的偏误也最多,这其中的主要原因是韩语自己特有的读音对韩国人学习汉语常常产生负迁移。日本学者涩谷周二在《日本学生汉语学习难点和重点的调查报告》一文中说,汉语语音是日本学生心目中汉语学习的难点和重点,虽然他们很重视声母与声调的学习,但难点也还在于此。[1]

毛悦在《汉语作为第二语言要素教学》一书中说:"汉语作为声调语言,对母语是语调的学生来说非常困难,他们常把汉语的声调与母语语调混淆。"亚洲学生学习汉语时对于声调的掌握也很不容易。即便同属汉字文化圈国家,母语有声调的却不多,对韩国学生语音学习障碍的 68 份问卷中,95% 的学生认为汉语的声调很难掌握,原因是韩语没有声调。北京大学的李红印强调:即使来自同属汉藏语系的有声调的泰语国家的学生,仍觉得汉语声调很难掌握,因为泰语有五个声调,所以,"实际听辨的结果告诉我们,泰国学生的声调偏误主要也是调域上的偏误,偏误最严重的也是一声和四声。具体表现为一声调不够高,四声调降太长。"

二、亚洲学生汉语汉字习得

汉语汉字被公认为是词汇最多、书写最难的文字,汉字教学也是国际汉语教育的重点和难点。非汉字文化圈国家的亚洲学生与欧美学生一样,对于像图画一样的笔画汉语汉字的书写觉得别扭与困难,即使同属汉字文化圈国家的韩国和日本学生在学习汉语汉字时,同样

---

[1] 牛骥. 日本留学生汉语是字句习得顺序研究[D]. 成都:西南交通大学,2014.

会遇到很多障碍。韩国学生认为,汉语单字太多(韩语单字比较少),所以汉字很难记忆与掌握。日语与汉语渊源深厚,然而,虽然日本人也同样使用汉字记录他们的语言,但他们对汉字的认识和使用与中国人对汉字的认识和使用有着本质的区别。正是日语汉字与汉语汉字的这些异同点,反而使日本学生在学习汉语汉字的书写时会遇到更大的困难。

第四章 跨文化视域下汉语国际教育的汉语教学

第一节 跨文化视域下汉语国际教育的语音教学

现代著名语言学家赵元任先生在《语言问题》中说过："学习外国语的内容分成发音、语法、词汇三个重要的部分,学习次序当然也应该按照这三样按步进行。发音部分最难也最要紧,因为语言的本身、语言的质地就是发音,发音不对,文法就不对,词汇就不对。"语音是语言的物质外壳,人类感知语言是从语音开始,学习一种语言也是从语音开始。作为语言的基础,语音的正确与否不仅直接影响语言的输出,同样也影响语言信息的输入、提取。因而打好汉语语音基础是跨文化视域下汉语国际教育语音教学必须完成的任务。

一、明确教学目标,谙熟教学思路

语音教学的目标是使学习者形成良好的语流表达能力,配合词汇、语法教学,最终使学生获得语言交际能力。围绕这一目标的教学,需要我们谙熟两种教学思路:音素教学和语流教学。

音素教学是指语音教学由学习声、韵、调开始,从单项训练逐步过渡到词语、句子和会话训练。这一思路是20世纪中期语音教学的主导思路,1958年出版的《汉语教科书》等教材皆据此思路安排语音教学。语流教学是指从句子开始,在会话中学习音素、纠正发音,把语音教学与词汇、语法和课文教学结合起来。这一思路始自20世纪70年代,《初级汉语课本》基本采用语流教学的思路。音素教学和语流教学各有特点,前者一般在教学初期有一个相对集中的语音教学阶段,循序渐进地进行声、韵、调等单项教学与训练;后者不设集中语音教学阶段,而更注重语音教学的长期性。相对而言,音素教学更利于学习者汉语语音系统的快速建立,语流教学更利于学习者汉语语音意识的快速培养。①

因此,音素教学和语流教学的有机结合才是科学的教学思路。语音教学要走出一个误区,即重视音素而忽视语流。独立的音素、音节发音准确并不代表连词成句的准确流畅,外国学生读单字音时准确、语流中跑调的现象十分常见。

真正体现交际能力的是一种语言的语调,语调是动态的,需要在语流中学习和训练。汉语是声调语言,语调特点区别于大部分外国学生的母语语调,赵元任曾用"小波加大浪"的经典比喻,生动地说明汉语字调和语调的关系,同时也说明了其复杂性。广义的语调除了句调还包括以音高、音长和音强为要素的韵律等,这些内容都需要较长的训练时间。

另外,一种语言音感的培养也需要一定的过程,所以语音教学应作为一项长期任务,贯穿整个汉语教学的始终。

二、突出教学特点,把握教学原则

第二语言语音的教学特点在于注重语音能力、关注中介语语音系统、优化教学情境等方面,这些都会在教学原则中得到体现。

《国际汉语教师标准》提出的语音教学的基本原则,首先是注重针对学习者汉语语音学习中的问题进行语音教学;注重针对不同母语学习者的语音学习难点进行教学。确定教学难点的前提是明确教学对象,并据此进行"汉外"对比,把握学习者母语的语音特点。从20世纪80年代起,第二语言语音研究发展很快,实证和实验研究成为主流,由

---

①武娇娇. 跨文化交际能力的培养对对外汉语教学的影响[D]. 天津:天津师范大学,2016.

此带动了语音教学从经验型向科学型的发展。对比分析理论、偏误分析理论深化了汉语本体与习得研究,为教师确定不同学习者的教学难点提供了可靠依据。汉语中介语的语音研究,使不同母语背景学习者汉语音素的发音特点和韵律、句调的表现,都得到科学证明。中介语语音系统建构和发展的研究表明:学习者母语和汉语发音一致的语音教学难度不大;学习者母语无而汉语有的语音项目教学难度较大;学习者母语与汉语相近似的语音项目从发音的准确性看教学难度较大。但对于初学者来说,近似的语音项目会使学习者更容易融入到学习的感觉中去。

其次,要求注重利用汉语发音原理的演示、描写与说明进行语音教学;注重利用多种手段展开语音教学。事实证明借助演示与说明等进行语音教学十分有效,它使抽象的知识变得更形象、直观,如日本学习者汉语高后元音 u 的舌位趋前,而高前元音 i 又过于偏后,其"错位"的幅度可从元音舌位图中直接反映出来。传统的语音教学法中不乏简单有效的方法,例如手势法、夸张法、带音法等皆易行而实用,教学中有很好的效果。

最后,还要求注重语音教学中有意义、大量、多样的实际操练;注重语音教学中的实用性、交际性与趣味性。语音单项训练阶段以机械性训练为主,容易造成学习者的疲劳,如能合理地配以简单的词汇、语法教学,既增加了实用性,也避免了语音学习的单调、枯燥。如教声调时以"买"与"卖"对比,既突出了调型,也表达了意义。此外,还可逐步涉及一些短语、句子、儿歌练习,以增加趣味性。尤其是语流训练要尽可能创设接近自然的教学情境,加强语言与生活之间的联系,这才是有意义的操练,才能使学习者真正获得语言交际能力。

第二节 跨文化视域下汉语国际教育的词汇教学

法国汉学家白乐桑指出,汉语的基本教学单位(即所谓的"本位")有两种:作为书面语基本教学单位的汉字,作为口语基本教学单位的词。可见,让学习者学好汉字和汉语词汇对于掌握汉语起着基础性作用。正因为如此,有大量的汉语教学者和研究者都致力于探讨汉字和汉语的词汇教学问题。

一、汉字教学研究

当今世界,有文字的语言绝大多数都使用的是表音文字,而汉语的记录符号汉字,其构成字符并不主要与汉语的语音相联系,所以在跨文化视域汉语国际教育的实践中,学生普遍反映汉字有三难:难读、难写、难记。因此,在汉语教学路子的选择探讨方面,就涉及如何处理汉字和汉语的关系问题。1950年至1951年,北京语言大学曾经实践过一学年的"先语后文"教学路子,即在初学汉语的前五六个月里,只通过拼音学习汉语,在学习者掌握了几百个生词以后,才开始同时学习汉字。该做法实践的结果是弊多利少,因而被否定。[1]

后来,"语文并进""语文分开"等教学路子被先后实践和探讨过。这些教学路径,对于不同的教学对象、不同的教学环境、不同的教学目标、不同的学时学制,乃至于在不同的教师那里,在具体的教学实践中,都各有用武之地,因此难以定于一尊。

汉语国际教育界的汉字教学研究,主要讨论的是"教什么"和"怎么教",以培养学习者的汉字认读和书写能力。

教什么:首先是教常用字。瑞典汉学家高本汉在其为欧洲大学生所写的汉语入门读物《汉语的本质和历史》一书中指出,掌握两三千个

---

[1] 史凌薇. 汉语国际教育词汇教学与记忆方法的探索[D]. 太原:山西大学,2015.

通用的汉字就可以阅读中国现代的书报杂志。如果说高本汉所说的是应当教学的常用汉字的数量,那么,赵金铭《〈外国人基础汉语用字表〉草创》、国家汉语水平考试委员会办公室考试中心制订的《汉语水平词汇与汉字等级大纲》(修订本)、国家对外汉语教学领导小组办公室编的《高等学校外国留学生汉语言专业教学大纲》和《高等学校外国留学生汉语言专业教学大纲》(长期进修)等,则不仅说明了应当教学的汉字量,而且还具体地把应当教学的汉字分等级地罗列了出来,这就使得教学者的教学目标更加明确。其次是汉字的读音、意义和写法要同时教。最后是适当地教一些汉字知识。不管是汉字偏误研究,还是汉字教学调查和教学实验研究都表明,介绍必要的汉字知识,加强汉字基本结构规则的教学,可以帮助学生理解和记忆汉字。

怎么教:首先,区分不同母语及其文字体系背景的汉字学习者是有必要的。因为汉字教学调查研究结果显示,汉字圈以外国家的学生普遍认为"汉字很难"或"相当难",他们和汉字圈国家的学生所采取的汉字学习策略有很大的不同,虽然汉字圈学生在识字量方面有明显的优势,但像来自日本这样的汉字圈国家的学习者,在学习汉字的"优势"背后同样存在着不少问题。大量的汉字偏误分析研究也指出,文字体系不同是学生书写汉字出现偏误的一个重要原因。所以,冯丽萍建议,应该区分教学对象是汉字文化背景还是拼音文字背景。其次,汉字教学要遵循一定的原则。在汉字的认读和书写方面,多主张先认读,后书写的原则。不过,石定果、万业馨在教学调查研究中却发现,学生大都要求听说读写的内容尽可能一致。在汉字书写教学原则方面,多主张按照笔画→部件(独体字)→合体字的顺序进行教学。但是,石定果、万业馨的教学调查研究结果却显示了相反的汉字接受现状:学生更倾向于从整字到偏旁的教学步骤。这与惯常主张由独体到合体、由部件到整字的程序相悖。因此,再次,还应该在了解学生习惯的汉字接受方式的基础上进行汉字教学。最后,采用一定的教学方法。刘社会归纳出了"部件归纳法""看图拼音识字法""注音识字听说法"等十八种行之有效的对外汉字教学法,此外,还有率先在海外兴起的"计算机汉字教学法"。

二、汉语词汇教学

汉语词汇教学的研究成果也可纳入到"教什么"和"怎么教"的框架之下。

教什么:首先,一些"词表""大纲"明确说明了在基础汉语教学阶段应该教哪些词。比如北京语言大学先后完成的《外国人实用汉语常用词表》和《对外汉语教学常用词表》,国家汉语水平考试委员会办公室考试中心制订的《汉语水平词汇与汉字等级大纲》等。其次,既要教词义,更要教词语的组合。因为词语组合是成句交际的基础,教词语的组合是培养学生形成语段语篇能力的基础。

怎么教:首先,汉语教材应该根据词的使用频率和汉语的句法结构安排词的出现顺序,常用词先教,而后确定教学重点。比如厦门大学人文学院教授李如龙、中央民族大学文学院副院长杨吉春把虚词当作词汇教学的重点,而北京大学对外汉语教育学院教授刘颂浩把阅读课词汇训练的重点放在实词上。其次,在教学中要经常进行相关词语的对比分析。一是作"汉外"相关词语的对比分析,这样可以在一定程度上做到预言、解释、改正并消除学生因母语的干扰而出现的词语偏误,把母语的负迁移减少到最小;二是进行汉语内部词语的对比,这样可以让学习者更清楚地认识到意义、用法相近的词语之间的差异,以便更准确地运用词语。最后,要采用合适的方法进行教学。语素法、情景法、演示描述法、联系扩展法、集中强化教学法等都被一些教学者使用过。北京语言大学汉语速成学院副院长杨惠元提出按照汉语词汇的网络系统进行教学,可利用同(近)义词类聚网络、反义词类聚网络、类属词类聚网络、关系词类聚网络等。

三、沟通汉语词汇与汉字的教学

曾主编《基础汉语课本》的李培元教授、北京语言大学人文学院和教师进修学院教授刘珣都主张把字和词的教学结合起来。汉语"以单字为基础,可以层层构词"的特点,使得汉字教学与汉语词汇教学有了沟通的可能,而不必各自为政。并且,沟通汉语词汇和汉字的教学,还可以改善汉字教学相对落后的状况,前贤的不少研究成果都展示了怎样沟通字词教学。

1989年在法国出版的由法国国民教育部汉语总督学白乐桑(Joël Bellassen)、北京语言大学教授张朋朋主编的《汉语言文字启蒙》虽然蕴含着"字本位教学法"理念,但是,从该书的编写体例可以看到沟通字词教学的做法:依据字所组成的词的使用频率,罗列了400个汉字,介绍了这些字的笔画分解、字源分析和结构分析等内容。武汉大学中文系现代汉语教研室主任李芳杰在"字词直通,字词同步"观念下的具体做法是:基础汉语教学阶段讲"字"不讲"语素",让汉字与词直接挂钩(字词直通),教学规定的字词量比例合理、字词等级相应、处理好字词的难易、字词句教学全面同时进行(字词同步)。而北京大学对外汉语教学中心副教授施正宇则主张:以词的使用频率和字的构形规律为基本线索构建教学词库,梳理与之相关的教学字库,并在语素的基础上拓展学生的汉语能力和汉字能力。

第三节 跨文化视域下汉语国际教育的语法教学

一、语法教学的目的

在跨文化视域的汉语国际教育中,语法教学具有十分重要的地位和作用,但是是非母语者学习汉语的主要障碍。通过语法教学来学习汉语,符合人类学习规律的认知习惯,能够帮助不同母语来源的学生举一反三、提高学习效率,也能够有针对性地解决学习中遇到的问题。

语法教学的目的,是培养学生实际的语言交际能力,而非传授语法知识。在推广汉语国际教育的新形势下,语法教学仍然围绕两个方面展开:"教什么"和"怎么教"。"教什么",主要考虑汉语国际教育的语法教学内容、教学体系、重点难点等问题,属于教学语法。"怎么教",主要研究语法点教学顺序、教学法、教学模式和重点难点的课堂处理等问题,属于语法教学。教学语法更注重宏观理论,力图使教学语法不同于理论语法,并建立区别于国内汉语教学的国际汉语教学语法体系。语法教学更注重教学实践,既研究体系性的语法点分解安排、教学模式,也针对个别语法点提出具体的讲解方案。

二、语法教学方式

"教什么"的问题,首先是教学语法体系的建立问题。1958年《汉语教科书》创立了最早的对外汉语语法教学体系。该体系以句本位为中心,采用知识讲授为主的教学法。一直到20世纪80年代末,对外汉语语法教学体系都没有太大的变化。20世纪90年代,《对外汉语教学语法探索》倡导"词组本位"的语法体系,提出语言教学应培养学生的语言能力和语言交际能力,"寻求功能与结构的有机结合"。此后,结构—功能的教学语法体系被大多数语法教科书采用,至今仍占主流。除了整体的教学语法体系研究外,也有部分研究者提出国别性和阶段性的教学语法体系,如针对加拿大中小学生的基础汉语语法体系、中级汉语语法体系等。其次,"教什么"的关键是确定汉语语法教学中的重点和难点。通过语际对比、偏误分析和语法研究,汉语教学界形成了对国际汉语语法教学重点难点的总体认识。通常,汉语特有的语法结构和成分,汉语和学习者母语相对接近又显著不同的语法点等是教学的重点和难点。汉语特有的语法结构和成分,如"把"字句、"被"字句、动补结构、重动结构、助词、量词等。学习者母语与汉语接近,容易造成负迁移的语法结构和成分,如语序、比较结构、定中结构、时体助词、能愿动词、程度副词等。①

对于语法教学的重点和难点,"教什么"既研究其习得难度排序,也考虑限制语法点的具体讲解内容,使语法教学内容做到简单实用。

"怎么教"的问题,首先,需要考虑的是宏观方面的教学原则和教学模式。原则上,语法教学要求简化、浅化、实用,针对学生特点和汉语语法特点,循序渐进精讲多练。语法教学模式,强调教学的整个操作氛围和基本取向,如任务模式、情境模式、游戏模式、随机引入模式、词汇—语法教学模式、语法对比教学模式、形义结合教学模式、"认知—强化—创新"模式等。其次,"怎么教"要解决的是课堂教学中如何具体实施语法点教学的问题。这里要考虑三个方面的针对性:针对学生特点,针对教学阶段,针对教学内容。针对学生母语的不同,可以通过语际语法对比,确定国别语法点的难度顺序和教学方法。

针对初级、中级、高级等不同学习阶段的语法教学,需要根据教学目标的不同确定不同的课堂重点和操作方法。初级阶段,侧重于最基本的语法形式,强调"会用""用对";中级阶段,则侧重于语法形式之间的比较,突出"用好""用准"。针对不同的语法点,应根据其特点确定选择对比讲解、图示教学、演绎归纳还是操练总结、认知提示、任务教学等教学法。汉语语法教学中有特色的语法点,如"把"字句、"被"字句、动补结构、存现句、差比句等,目前都有详细的课堂教学方案提出,非常实用。"教什么"与"怎么教"相互依托,相互促进,共同推动国际汉语语法教学的深入发展。

此外,当前语法教学已从"小句中心"向强调句群篇章教学的方向发展。连词、连接性副词、篇章逻辑结构等句外结构的语法教学,在高级阶段的教学中得到了越来越多的重视。句群、篇章语法的教学,是提高学习者成段表达能力的关键。

语法教学不仅解决教学的实际问题,也对语法研究有着一定的促

---

① 袁毓林,詹卫东,施春宏. 汉语词库—构式互动的语法描写体系及其教学应用[J]. 语言教学与研究,2014(02):17-25.

进作用。跨文化视域下的国际汉语语法教学,使我们以全新的眼光看待熟知的汉语语法,发现新的研究对象,找到新的解答方式。跨文化视域下的国际汉语语法教学既是开启汉语语法研究的窗口,也是检验其研究成果的试金石。同时,语法研究是语法教学的基础,无论是新的理论流派还是新的语法研究发现,都能够使汉语语法教学向前推进,取得更好的教学效果。

第五章 跨文化视域下汉语国际教育的文化教育

第一节 历时文化与共时文化

文化的历时性与共时性分别是从其纵向与横向的时空维度来揭示文化的特征与规律。从纵的方面考察某一文化或文化现象的起源、发展、演变的阶段性和规律性,这便是历时研究。从横的方面考察某一文化或文化现象在某一历史时段的表象和特征,这是共时研究。第二语言的教学离不开文化的教学,历时文化与共时文化在教学中的穿插也相应的有其侧重。

一、共时文化对汉语国际教育的重要性

与汉语国际教育结合更为紧密的应当是共时文化。学生学习汉语的最终目的是用于实际的交流,因此,脱离了当代的共时文化进行的汉语教学对学生的汉语学习帮助不大。试想,在对汉语初学者进行教学时,过多的强调中国古代的礼仪(跪拜、叩首、作揖、抱拳等),对其大讲中国古代的四大发明、中国的科举制度,对于学生日常交流学习并无任何实际意义,不如多花一些时间讲一讲中国现代的交往礼仪和文明习惯,这样更加贴合实际情况,也使学生更能够了解中国现代的文化以及生活习惯。

以泰国汉语教学为例,学校为所有学生安排了各个学科的兴趣班,其中,中文兴趣班规定的教学内容便是中国文化。由于受教的学生几乎是汉语零基础,因此,在常规的教学任务中,汉语教师通常更多

地注重汉语拼音的拼写规则以及语音上的纠正,甚少有时间为他们扩展讲解当代中国应有的交流方式与文化礼仪。

以上为背景介绍。其实在开文化课之前,有些汉语教师在了解了学校的要求以及能提供的教学设施和学生的人数之后,便开始对有20个课时的文化课开始进行备课。首先学校能够为每周一次的文化课提供一个空间更大的多媒体带空调的教室,另外学生只有20人左右。根据实际情况可将中国文化的兴趣班分为四个大类,每个大类5个课时。主要分为中国传统文化礼仪5个课时,其中包含了中国上下五千年的历史沿革,服饰、古典舞蹈的赏析等。中国武术5个课时,集中展示中国的一些武术,以及简单的太极拳的教授。中国剪纸与中国结5个课时。中国书法5个课时,主要是将平时课堂中讲授的汉字让学生以书法的形式呈现出来。其实对汉语零基础的孩子不能展开讲解过多或者讲解过于深奥,对于十多岁的孩子,很多文化课的内容的讲解,应出于让孩子们有所了解的目的来授课,更多的是图文并茂并配上有泰语的注释的PPT或是视频,让孩子们理解授课的教师所要讲授的内容,同时对中国文化有一个简单的了解。

学生要很好的掌握汉语,不仅是要很好地掌握汉语的语音、词汇、语法,更为关键的是,当代的交流需要掌握当代的文化,才能更好地进行实际地交流。授课的教师也在往后的教学中积极反思,在课堂中更多的为学生扩展当下中国的共时文化,以期他们能够将学到的语言更加融会贯通的运用到生活中。

二、共时为主历时为辅,有侧重地展现不同时期的中国文化

在对外汉语教学的过程中,中高级的学生在掌握了一定的行为规范和交际准则,逐步的能在不同的场合对不同的人使用恰当的话语。此时,可以根据具体的情况和需要讲一些中国古代的文化。学生在学习到一定阶段后,穿插一些中国古代或近代文化的讲解,用作汉语文化的引申,例如中国婚嫁丧文化由古代到近代的历史沿革,作为兴趣课程以图片和简单文字的展示让学生了解是很有必要的。①

历时文化能够让学生明白如今中国人之间这样交流的历史原因，让他们对于特定的情况下中国人会讲特定的话有更为系统的理解，理解了中国的文化，了解了背后的文化内涵，才能更理解中文。在对外汉语教学中始终以共时文化的讲授为主，历时文化作为辅助作用，有侧重的穿插进教学中才能使学生的语言知识体系更加的完善。

第二节 民族文化与地域文化

一、民族文化与地域文化

中国幅员辽阔，汉民族居住的区域宽广。汉民族有着共同的文化背景，但不同地域的人们又有独特的文化风俗。比如汉民族有较为发达的饮食文化，这些也通常反映在语言上。如"吃"，许多跟"吃"无关的事物或行为可以用"吃"来表示，"吃亏""吃老本""吃官司"等。

在民族文化的共性中又因为地理位置的不同，产生了地域文化。同样拿饮食文化来说就有南甜北咸、东辣西酸的差异，也诞生了著名的鲁、湘、粤、川四大菜系。

地域饮食文化的特点也同样反映在了语言上。有关饮食的词汇非常丰富，"炒股票""炒房""煲电话粥"（长时间打电话）等。

在文化的教学中，民族共性与地域特征都要有所拿捏。比如广东气候湿热，人们喜欢煮凉茶祛除湿热，四川气候阴湿，人们喜欢吃辣椒来除湿。性格方面，北方人直爽热情，南方人含蓄冷静等。

以泰国汉语国际教育为例，在泰国进行对外汉语教学应该从当地的民族文化和地域文化来考虑。泰国全民信佛，人民质朴淳良，泰国南部人更加率直爽朗，北部人相对含蓄内敛。泰国南部喜爱吃海鲜，

---

①徐可. 跨文化交际视角下泰国汉语国际教育研究[D]. 成都：四川师范大学，2015.

中部喜欢吃传统泰餐,北部喜好越南与中国食物尤其喜爱辣食,东北部喜欢吃糯米加烤鸡。若学校地处泰国东北部,那教学应考虑到泰国东北部人们的文化习惯,适当的增减教学内容。例如在讲授与食物相关的词汇时,"糯米饭""烤鸡"是必须要补充的词汇,因为泰国东北部的人几乎顿顿都要吃糯米饭。另外根据泰国的民族文化,"寺庙""僧人"等相关的词汇也是需要额外扩展的。①

二、地域民俗文化的融合,体现汉语国际教育地域民族文化特征的传播

(一)民俗文化内涵的结合,推动对外汉语教学语言表达

能够以社会感受为基础。民俗文化所蕴含的深意主要体现在两个方面:一是艺术价值层面,二是文化发展层面。从文化艺术价值层面进行探究,民俗文化能够体现出地域民族发展的文化艺术性特征,对不同地域人的审美观念、文化理解角度产生影响,体现出民族文化的前进方向。从文化发展层面角度出发,民俗文化具有较强的时代特征,能够宏观呈现民族区域的发展思想、意识、精神,对推动中国文化的传承与发展产生不可替代的作用。高校对外汉语教学融入民俗文化的深层内涵,引导对外汉语专业人才地域经济社会文化感知心理,使人才能够从思想、意识观念角度,对中国传统文化发展所具有的社会意义形成正确理解,从而在语言的应用、理解角度具有较强的社会性特征。这是对外汉语教学地域文化渗透与融合,对教学效果所产生的基本作用及影响,其不断提升对外汉语专业人才语言的社会感知能力,为社会传统文化的传承与发展道路的拓宽提供积极的推动作用,使对外汉语教学的社会意义彰显出文化的传承性与发展性特征。

(二)体现对外汉语教学立足地域文化社会传承的一般规律

民俗文化是中国传统文化发展的直观体现,其内在象征是民族精神的宏观呈现。从民俗文化的基本象征角度来说,不同地域民俗文化

---
①张羽洁. 地域文化在对外汉语教学中的导入研究[D]. 西安:西安石油大学,2019.

所具有的民族性色彩不同,表达出的文化内涵也具有强烈的差异性。从地域自然差异角度分析,南方民俗文化与北方民俗文化所蕴含的基本象征存在明显的不同。南方民俗文化的象征呈现出委婉、热情的民俗文化特点,而北方民俗文化则体现出不拘小节的民俗文化基本象征,综合地域民俗文化的具体象征,可以总结出中国传统地域文化呈现出的基本象征就是热情奔放、百折不挠的民族精神。对外汉语教学深入结合民俗文化所具有的基本象征,充分了解民族性格、民族情怀,并在语言交流中体会到内心境界、民族精神的表达方式,使教学过程所具有的地域性、民族性、传统性特征能够渗透到对外汉语教学过程的每一个环节,这样就能够在教学活动中为地域文化的传承与发展提供更为具体的路径。通过对民俗文化象征的了解,促进教学过程更为贴合社会实际,对外汉语教学所追求的方向能够从专业化发展角度向社会化角度转变。

(三)民俗文化特色的传导,表达对外汉语教学地域民族经济社会发展方向

民俗文化特色的呈现,标志各民族内在文化构成要素之间存在明显的区别,在体现出地域性色彩的同时,也具有传统性文化内涵。高校对外汉语教学的全面发展,依托社会民俗文化构成因素的传导,深层了解民俗文化所体现出的民族、地域风情,使人才从内心对民族、地域文化的理解角度得到积极转变,从而广泛认知语言文化所具有的民族性、地域性、传统性特征,并能积极构建语言所具有的艺术性特征认知心理。文化间性在对外汉语教学从"单向的语言传授"到"以汉语为工具实现多元文化间的互动"的转向过程中起着重要作用。从民俗文化特色的引导角度进行深层分析,民俗文化之中彰显出传统体育文化、传统礼仪文化以及传统音乐文化等,这些文化特征蕴含民族文化的心声。对外汉语教学结合民俗文化特色的具体传导,使民族语言表达出的民族情怀更为具体,从文化层面对汉语所具有的艺术价值、艺术魅力进行深层挖掘,从而引导对外汉语教学能够贴近社会实际,从文化的传统性、艺术性角度解读语言交流与发展的真谛。这是对外汉语教学能够贴合地域民族经济社会发展,并对教学内容、形式和方法进行深层探索的关键所在,其社会意义则是广泛传播与融合文化民族性、传统性以及艺术性。

(四)突出对外汉语教学遵循社会地域性文化价值的方向引导

民俗文化的内在价值在于其文化的艺术性以及文化的传统性。从艺术角度出发,民族文化所体现出的地域风情具有较强的代表性,能够表达出不同地域的文化风格;从文化的传统性角度讲,民俗文化所呈现出的则是地域文化的历史性特征,对社会文化的发展具有较强的推动作用。高校对外汉语教学针对民俗文化的内在艺术性价值以及传统性价值,进行深层、具体的渗透,全面体会民俗文化所具有的内在价值特征,积极促进对外汉语教学传统认知心理的改变,并且对语言文化所具有的内在深层含义的理解产生内心影响作用。高校对外汉语教学通过地域民俗文化所呈现出的艺术价值,充分拓宽社会文化传承与发展的认知视角,从内心层面开辟对汉语言理解的新视角,以内心感受促进对外汉语教学的社会应用,在尊重社会发展环境演变规律的同时,也能够体现社会地域性文化价值重要构成因素。这既是高校对外汉语教学发展思想创新探索的重要方向,也是深层融合高校对外汉语教学社会性要素所具有的社会意义的微观呈现。

第三节 交际文化与知识文化

一、知识文化与交际文化概念及现实意义

(一)知识文化和交际文化概念的提出

既然不同文化模式对对外汉语教学有着不同的影响,我们的语言传播实际中又存在着高低语境的异同,那么,我们到底应该在对外汉语教学中传播哪些文化因素呢?从古至今,由于对文化界定的思路、视角、方法不尽相同,所以对文化的构成因素的分类也不尽相同。对于文化的分类,历来有广义文化和狭义文化之分,通俗的说法即为"大文化"和"小文化"。广义的文化涵盖了人类实践中所创造的一切精神财富与物质财富的总和;狭义的文化则被人们普遍认为是除去自然科学、管理科学和生产科学之外的精神生产的财富,其中包括文学艺术、新闻出版、电影电视、文化遗存及大众娱乐等。周鸿铎将中国文化的对外传播内容具体分为媒介文化传播(报纸文化传播、影视文化传播、广播文化传播、网络文化传播),形象文化传播(国家形象文化传播、企业形象文化传播、名人形象文化传播),体育文化传播(体育项目文化传播、奥运文化传播),服务文化传播(饮食文化传播、服饰文化传播、旅游文化传播)。

在对外汉语教学界,如何给这众多的文化因素加以分类,使之更符合对外汉语教学的实际情况,多年来,不少专家学者根据教学的实践,特别是一些外语专家,分别提出自己的见解,如赵贤洲所说:"有的从文化性质出发分为物质文化和精神文化两类;有的从文化类属出发分为习俗文化,建筑文化,宗教文化等(每一类还可细分,如习俗文化还可分解为饮食文化,服装文化,礼仪文化等);有的从功能考虑分为知识文化和交际文化。""不论如何分法,各有其长处,也总有它的缺陷,因为文化是一种极其复杂的社会现象,所以类别之间总是不可避免地存在着交叉。"[①]

从文化传播角度看,把文化分为知识文化与交际文化较为可取。知识文化和交际文化的划分是由张占一在1984年就提出来的。所谓知识文化,指的是那种两个文化背景不同的人进行交际时,不直接影响准确传递信息的语言和非语言的文化因素。所谓交际文化,指的是

[①]孙昕. 对外汉语教学中交际文化因素的分析及教学对策研究[D]. 济南:山东师范大学,2012.

那种两个文化背景不同的人进行交际时,直接影响信息准确传递(即引起偏差或误解)的语言和非语言的文化因素。

(二)两种概念对汉语国际教育教学中文化传播的影响

知识文化和交际文化概念的提出,对对外汉语教学中的文化传播影响深远。

第一,语言教学中的文化因素浩如烟海,而在对外汉语教学的实践中,这些文化因素对交际的影响并不是同等程度的。即使是很多人想当然的很难理解的文化因素,只要是不影响交际的实际,在交际中不产生障碍、引起误解,这些文化因素就都可以作为一种知识来掌握,甚至可以通过留学生的自学来掌握。比如说,中国的茶文化的历史,很多人包括很多刚从事汉语国际教育教学工作的老师会认为留学生很难理解,因此会找很多资料、准备很多内容以便在留学生遇到困难时好详细讲解一番。但实际情况是,茶文化对日本和韩国以及东南亚等国的留学生都不会引起交流障碍,对美国和英国的留学生也是如此。这种现象说明我们中国人通常认为的那些比较难理解的文化现象在文化传播时并不一定是困难的,文化传播的困难在于差别。没有差别,没有交流障碍,就是一种知识;有了差别,引起了障碍,就是一种交际文化。这种划分就是这样建立在实践的基础上的。对对外汉语教学来说,目前还找不到更好的文化分类方法能比这种划分更符合对外汉语教学的实际。

第二,这种划分只能在实践中起作用,因此对交际文化因素的积累需要长时间的教学实践,而且,由于留学生文化背景的个体差异,要检验一种文化现象是否是真正对大部分人群都发生作用的交际文化,需要多次不同情况的检验才能确定。从这种划分的提出到现在已经经历了20多年,这一理论也在实践中日臻完善。在这一提法刚出现的时候,还没有注意到非语言因素的传播情况,但后来的实践丰富了这一理论,加进了非语言因素参与交际的实际,把影响交际的一些非语言因素同样归入了知识文化和交际文化的分类中。比如说笔者后面将要谈到的眼神的交流和身体接触问题就是这样。对欧洲和美洲的留学生同中国老师和学生交流时,这些都是一种交际文化。

第三,知识文化和交际文化存在的实际要求我们在对外汉语教学的课程设计、教材编写、课程讲授等方面都要考虑到这一实际。在初级阶段,主要是知识文化的传播,到了中高级阶段,交际文化的传播就变得越来越重要,也是中高级阶段留学生语言偏误的主要方面。

二、交际文化与知识文化的教学

给文化分类,会有很多标准和很多结果。从性质出发,可分为物质文化和精神文化;从对外汉语教学的角度看,把文化分为交际文化和知识文化更为贴切。

交际文化,主要指具有两种文化背景的人进行交际时,直接影响交际并容易产生误解或冲突的语言或非语言文化。语言文化主要指蕴含在语音、词汇、语句中的文化因素。比如不同的颜色在各个国家都表示相同的含义。数字的含义也不同,泰语数字"5"连着用三次以上通常含有"开口大笑的含义",因为其发音与"ha"相同。

不同文化背景的人交际,很容易出现误解造成交流不畅。在西方,大家都很注重个人隐私,不是特别熟悉的人,在交谈时往往更愿意谈天气、地理环境等客观事实,而避免谈及涉及个人隐私的话题。但是中国和泰国人在这一点上有点类似,两个人初次见面寒暄两三句后就开始问及个人隐私问题,"工作怎样?""恋爱了么?""父母是做什么的?"等让人尴尬或是不太愿意回答的问题。笔者认为在这一点上应该有适当的包容心,交际中的文化碰撞是不可避免的,却也是能够学习和体会不同文化的一种有效途径。

用动作姿态进行交际就属非语言交际文化,非语言交际文化的使用范围更广。交谈时的动作、眼神、姿态都能传达出相应的信息。但是往往因为文化的不同非语言交际也会传达不准确的信息。比如在多数国家,点头表示同意,摇头表示不同意。但保加利亚人恰恰相反,他们点头表示不同意,摇头表示同意。在中国课堂中,老师通常会轻拍学生的头以示鼓励或安抚,在泰国这样做,学生却会尴尬地告诉教师不能这样做,因为"头"在泰国是非常尊贵的象征,任何人不能随便去触碰,尤其是女生去碰男生的头。即说非言语文化在跨文化交际中要保证传达的信息准确与否,也应该在了解彼此文化的基础上,避免出现失误和尴尬。

知识文化,主要指有两种不同文化背景的人进行交际时,不直接影响日常交际的、不容易产生误解或冲突的文化知识。比如中国的四大发明、陶瓷文化、丝绸之路等。汉语初学者,没有必要知道这些知识,只要知道目的语中简单的日常词汇、语法、语音标准,就可以与目的语国家的人交流,也不会因为本身文化背景的不同造成交流困难。

因此在对外汉语教学中,同历时文化与共时文化的问题一样,交际文化与知识文化,应该更加重视交际文化的教学,知识文化作为补充了解。着重介绍日常交际中最常用的打招呼的方式、日常交际的习俗,帮助学生快速的进行日常交流是最为重要的。学生到了中高级阶段,再在学生的学习中嵌入中国人更深层次的表达手法,比如委婉地说人"死"了,说"走了",还有禁忌语、歇后语、隐喻、习语等表达,在学生学到中高级阶段可以适当的将这些知识点加以补充。

第四节 词语文化和非词语文化

一、词语文化的含义

(一)词语文化定义

从跨文化交际角度出发,词语的含义可以分为两部分。一部分是词语的语言概念意义(简称语言意义),语言意义指的是客观事物的一般属性在人脑中的反映,主要指词语的"指称意义",不带有人的主观色彩;另一部分指的是词语的"文化内涵意义"(简称文化含义)。文化内涵意义是附加在语言意义之上的,主观性的意义。表达了人们对事物的情感态度,也称为内隐含义。

词语的文化含义是一种联想意义,反映的是词语在交际过程中的交际价值,体现着交际活动的参与者的心理状况、情感态度、价值取向等。词语的文化含义研究是跨文化交际学研究的重要内容。[1]

(二)词语文化含义对比方法

毕继万在《跨文化交际与第二语言教学》中指出词语文化研究的三个方法:尽量采用穷尽式的列举方法搜集语料,从词语的文化背景出发研究词语的文化含义,从交际价值出发研究词语的文化含义。这三个方法点明了我们在研究词语文化含义时,选取语言材料,研究角度,研究落脚点的问题。对于我们进行词语文化对比研究具有重要的指导意义。

二、词语文化与非词语文化的重要性

(一)词语文化与汉语国际教育

语音系统、词汇系统、语法系统是语言系统中的几个子系统。其中词汇系统最能反映出当中的文化特征。在汉语中有相当一部分词汇不能被一一对应的翻译,比如中国人常用的歇后语,黄鼠狼给鸡拜年——没安好心;谚语,"三个和尚没水喝";成语,"南辕北辙""三人成虎"。还有很多中国富有文化特色的词汇如:"鼎""功夫"等。

上述讲到的是具有中国特色的关于文化的词汇,这些词汇对于其他国家语言来说就叫作不等值词,是指不同语言中意思、色彩、用法不相同的词。而不同国家的语言中更能够突显文化差异的是语言中的不完全等值词,即语言中意思、色彩、用法不完全相同的词。这里以泰国汉语教学举例,在教师讲到动物类词汇"牛"的时候,泰国的学生们

---

[1]柳宁.对外汉语综合教材中的汉语文化词语研究[D].兰州:兰州大学,2016.

连连向老师摆手,同时还做出不好的表情。后来才知道,"牛"在中国是勤劳踏实的代表,但是在泰国,他们将牛看作很懒的动物,而且他们认为牛很笨,一般他们要说一个人不聪明便会说他是头牛。因此在课堂上,在教到这个词汇时,同学们会有夸张的反应。

在对外汉语教学中,等值词和不等值词是文化特质最直观的体现。因此在教学过程中,应当重视这类词汇的教学。

(二)非词语文化与汉语国际教育

在语音方面,声母、韵母数量有限,声调在语音系统中起到了非常重要的区别意义的作用。声调也很有限,因此在汉语语音中出现了大量的同音词。从而衍生出跟谐音密切相关的吉利话和禁忌语。比如情人之间送礼物喜欢送一个杯子,寓意"一辈子"。在送礼时也忌讳送对方钟,谐音"送终"。中国人普遍喜欢数字"8"因为与"发"谐音,有"发财"的吉利寓意,忌讳数字"4"因为与"死"谐音……

中国人对于谐音的运用是中国文化在汉语语音系统方面最直观的体现。在对外汉语教学中,让更高阶段的学生掌握谐音中的文化内涵,才算真正了解汉族人的文化,才能够跟汉民族有更高层次上的跨文化交际。

语法系统同样能够体现跨文化交际问题。汉语重视字词词性以及搭配,而印欧语系重形式,有较为丰富的时态、形态。在汉语中如动词和动词搭配就有很多种语法关系:连动、并列、偏正、述宾……语法间直白的搭配方式其实也是从侧面反映出了汉民族注重整体的和谐、内部结构的规范,而印欧语系国家则更注重理性思考及逻辑判断。

汉语中的词汇、语音、语法共同构成了汉语语言系统,在词语与非词语文化中,词汇的运用是跨文化交际的直接体现。在对外汉语教学的课堂上,重视不等值词和不完全等值词的讲解,同时也要注重语音及语法中蕴藏的跨文化交际的知识点。经过全面、完善、细致地梳理,再将其运用到教学中,学生能够更加理解中国人的交际文化。

第六章 跨文化视域下汉语国际教育传播

第一节 全球化视角下的中国文化传播问题

一、全球化视角下的文化传播

二十世纪八九十年代开始,全球化趋势不断加强,传播学领域内的跨文化传播学(Intercultural Communication)成为关注和研究的热点。要探讨中国文化传播问题,首先需要明确全球化环境下文化传播意味着什么,存在哪些天然的阻碍,而后将之与中国文化传播的现状结合,找出问题存在的根本原因,在此基础上才能进一步探讨如何更好地结合传播学理论提高文化传播效果。

现代科技的日新月异,全球化已发展成为一股势不可挡的社会浪潮,它波及政治、经济、文化等人类生活的各个领域,是世界各国建立在金融和生产一体化基础上的社会同质化过程。虽然目前还没有一个普遍认同的全球化定义,也没有形成行之有效的全球化模式,但全球化趋势正在不断推进且不可逆转,已是不争的事实。全球化给人类社会带来了深刻的影响和变化,但它是一把双刃剑,既是加快经济增长速度和传播新的科学技术的有效途径,也会在一定程度上对国家主权和当地文化传统造成侵蚀。由于西方资本主义国家在金融投资、科学技术、信息网络等领域的优势明显,因而在资本、人才、信息等的跨国界流动和配置中多为输出的一方,而这些要素的输出又会在不同程度上带来他们的文化和价值观,从而影响到其他国家和民族的文化发展态势。①

马克思和恩格斯在《共产党宣言》中早就指出:"资产阶级,它迫使一切民族——如果它们不想灭亡的话——采用资产阶级的生产方式;它迫使它们在自己那里推行所谓的文明,即变成资产者。一句话,它按照自己的面貌为自己创造出一个世界。"西方国家资本的世界性流动带来了资本主义的全球扩张,特别是跨国公司的迅速发展,使世界上几乎所有的国家都驶入了全球化生产、金融、投资的市场经济轨道中,资本主义的社会关系、运动法则等也渗透到我们生活的各个方面,影响着我们的价值观念。在资本的全球化态势下,跨国人际交往日益频繁,政府官员的互访、企业管理人才的流动、劳动力的输入与输出、专家学者的学术交流、民间的观光旅游等跨国人际交流活动大大增多。在这种情况下,"过去那种地方的和民族的自给自足和闭关自守状态,被各民族的各方面的相互依赖所代替了。物质的生产是如此,精神的生产也是如此。"人作为文化的活动载体,在流动中实现着民族文化的传播,带来了不同文化之间的交流互动。加上信息技术的高速发展,计算机、互联网、卫星通信等现代科技手段广泛应用于日常生活,使文化的交流可以克服时空的限制,直接冲击着不同国家、不同民族、不同地区的生活方式、思想观念和价值取向。因此,全球化态势使世界范围内的文化交流达到空前发展的规模,世界文化的全球交往已成为普遍现象,文化全球化初现端倪。

在文化全球化的发展趋势下,世界各国文化体系相互交流和影响的程度也大大增加。置身于多元文化的背景下,本国文化的价值思想、思维方式、心理模式、审美标准等和异国文化交织在一起,相互激荡,异彩纷呈。全球化为世界文化的多元发展带来了千载难逢的机遇,但是我们也看到,文化全球化所引发的并不是各国文化之间真正的文化交流和互动,而是西方强势文化对其他弱势文化的渗透和挤

---

① 李卓. 对文明的冲突的一种传播学阐释[D]. 上海:复旦大学,2012.

压。"强势文化与弱势文化是学术界用来描述当前世界文化形势的一对新概念",它实际上反映的是当代世界文化力量的一种对比关系或存在性状况。强势文化和弱势文化的区分不在于一种文化的历史是否悠久,也不在于这种文化价值是高是低,而是看这种文化在世界范围内的影响力和传播力的大小,而一种文化的影响力和传播力又取决于这种文化的所有国在政治、经济、科技、军事等领域的强大与否。西方文化之所以崛起成为强势文化,其背后是西方国家实力超强的政治、经济、军事等给文化输出带来的强有力的支撑。在世界一体化趋势下,西方发达国家倚仗雄厚的经济实力和发达的信息技术,以咄咄逼人之势将大量的文化信息源源不断地输往发展中国家,无孔不入地侵蚀着其他民族的本土文化和传统价值观念,并影响着这些国家和民族的文化发展方向,使许多发展中国家和民族的传统文化举步维艰。西方大国的强势文化以或公开或隐蔽的手段对其他弱势国家进行着全方位的侵袭,给弱国文化安全和世界文化的多元发展带来了巨大的威胁。

随着中国加入WTO后国力的日渐增强,2008年北京奥运会的成功举办,2019年第二届中国国际进口博览会在上海成功举办,汉语学习也在全球范围内逐渐升温,这从来华学习汉语的留学生人数的逐年增加上就可见一斑。

我们以语言和相关文化产品为例。语言是人类最重要的交际工具,是民族文化的根基,人们通过语言保存传递文明成果,一个国家或民族要保持其鲜明的个性和独立的品格,就必须首先保持其语言上的独立性。一个民族的语言一旦消失,文化就会中断,甚至整个民族也会消失,历史上的征服者们总是习惯用自己的语言来重塑被征服者的文化身份,以达到其政治统治的目的。语言是一个民族最根本的东西,语言背后所承载的文化是民族精神的基石。而当前全球化进程中席卷而来的英语话语霸权,使世界上众多其他语言尤其是濒危语言受到了巨大的压力和威胁。英语的话语霸权对其他语言和文化的冲击可以说是前所未有的猛烈,英语的教学和推广,始终都是英语国家重要的文化侵略工具之一。以美国为首的英语国家在对外英语教学中,通过英语语言的推广,以达到向其他国家宣扬美国文化、扩大美国文化全球影响力的目的。在文化产品方面,从影视作品到新闻传播,美国等西方大国更是以绝对优势取得了文化上的胜利。西方主要国家强势文化在语言和文化产品方面的大力推行,带来的不仅是产品本身,同时也伴随着文化观念和意识形态的强势入侵。西方国家之所以在意识形态领域极尽渗透之能,是因为意识形态领域的霸权地位能征服并控制人的心灵,借以改变两国间的权力关系,并最终取得对国际社会秩序的主导地位。通过价值观的输入和生活方式的引导等方式,西方大国将其价值观推进到了一个空前盛行的地步。

  一个人的生活方式反映着他基本的价值观和世界观,是他在一定价值观念的引导下所形成的活动形式和行为特征。生活方式的养成和塑造与个体所处的物质生活条件和社会文化背景等密切相关,具有较强的稳定性。因而生活方式就是一种文化现象,它和人的思想观念有着或多或少的影响,影响和改变着一个人对世界的看法。改变一个国家民众的生活方式,可以间接地达成改变他们价值观的目的。当人们穿着牛仔服,听着摇滚乐,哼着欧美歌曲,吃着麦当劳和肯德基,看着CNN,逛着迪士尼,过着圣诞节,浏览着英文网页,就难免不受到西方文化意识形态的影响。而且这一切都是在人们无意识的状态下逐渐发生,慢慢接受的,这就是文化扩张的力量。因此,在全球化浪潮的冲击下,在西方文化的强势推进下,如何推广本国和本民族文化,使本国文化能在世界多元文化格局中占据重要地位,抵制西方文化霸权主义的侵蚀,促进世界多元文化正常的交流互动,是摆在诸多国家和民族面前的一项重要任务。

  全球化背景下的文化传播,实质上也就是不同文化间跨文化传播的过程。而所谓跨文化传播,就是不同文化之间以及处于不同文化背景的社会成员之间的交往与互动,涉及不同文化背景的社会成员之间发生的信息传播与人际交往活动以及各种文化要素在全球社会中流动、共享、渗透和迁移的过程。在现代社会,这种跨文化之间的交往和传播已经不可避免。如果把每一个人作为一个文化因素,那么一群人聚集在一起形成民族文化,拥有不同民族文化的更多的人聚集在一起形成国家文化。当然,如果需要,这个聚合概念可以继续升级为美国学者塞缪尔·菲利普·亨廷顿所提出的"文明集团"。理论上,随着参照标准的不同,这个集团的上限可以不断提升,而我们所要探讨的汉语国际教育中的中国文化传播问题着眼点在国家,因此这里我们主要关注的焦点是国家文化。就国家层面而言,文化传播天然地存在一定的隐忧,而又正因为如此,文化传播的必要性才尤为凸显,二者相辅相成。

(一)文化安全和文化传播

从定义上看,跨文化传播无疑是一个相互的过程,但事实上发生跨文化活动双方的文化传播效果却有可能相去甚远,最为极端的结果是一方的文化影响力不断减弱甚至最终消失,而另一方的文化影响力不断增强,后者的文化最终吸纳、取代前者,这种情况在人类历史上已不止一次上演。每一种文化的拥有者都不希望自己的独立文化消失,哪怕最终其部分内容成为另一种文化中的文化基因留存下去,因此文化传播中天然存在着对文化安全的隐忧。吴瑛在《文化对外传播:理论与战略》一书中将"文化安全"定义为民族国家对自身文化遗产、行为方式、价值观免于他者文化侵蚀,因为拥有自身文化身份和文化特征而获得的一种"安全感"。鉴于我们所要探讨的问题限制在国家层面,而一般意义上的国家大都存在不止一个民族,因此这里我们把"文化安全"中的"文化"理解为一国中主流文化所代表的国家文化。

当每个国家都处于文化安全的忧虑之中,被动挨打显然不是好的选择,攻守兼备才更让人相对放心,于是每个国家都在想办法传播本国文化,除好莱坞和宝莱坞大片外,日本的动漫产业、韩国的韩流输出、英剧美剧抢占全球市场等都是典型的文化传播行为。各种全球性的大型活动显然也是个进行文化传播的好时机,2008年北京奥运会时,开幕式上尽情展示了书法、舞蹈、武术等中国传统文化,而2014年索契冬奥会开幕式上,俄罗斯也在不遗余力地展示俄罗斯传统文化。相对的,各国对任何他国文化的传播行为都绷紧了敏感的神经。

当然,一个国家出于对文化安全的忧虑主动进行文化传播只是一个方面,另一方面,这种文化对外传播也是国家软实力的一种体现,并且有助于国家发展。

(二)国家软、硬实力和文化传播

美国学者约瑟夫·奈第一个提出"软实力"的概念,认为它是使用除军事力量或经济制裁等强制性手段外,让其他国家主动达成自身愿望的一种力量。

尽管文化因素在国家软实力中起到了十分重要的作用,但如果一个国家的文化并不被别国所知,那么这种软实力又如何作用?当我们做一件对别人可能产生某种影响的事情时,如果这些人并不了解我们,那必然对我们不那么信任,自然也无法全然相信我们给出的理由或是解释,免不了自行揣测,出于自保,首先便会怀疑我们的行为是否针对他们或是会对他们产生伤害。国与国之间的关系也恰恰如此,甚至比人与人之间的关系更为敏感,如果其他国家并不了解一个国家的文化,那么这个国家但凡一个举动便会被别国多加揣测,自然举步维艰。一个国家要想让文化作为软实力在国际交往中起到作用,首先需要让别的国家理解该国文化,要想达到这个目标,就必须积极推动别国对自身文化进行了解,主动进行文化的对外传播。事实上,这也是全球化环境下包括中国在内的很多国家正在努力尝试的事情。

在前文中,我们已经对硬实力这一概念做了解释,即运用包括军事行为及经济制裁等强制手段来达成目标的力量。看起来这些都跟文化传播没什么关系,但文化软力量依附于硬力量,文化安全同样也依附于国家硬力量的水平,硬力量强大的国家文化安全比较稳固,但对其他国家来说,硬力量强大就容易对他国构成文化威胁。文化传播的效果和国家硬实力的关系十分密切,硬实力较强的国家在进行文化传播时可能会遇到更大的阻碍。

在当前全球化背景下,文化的对外传播意义重大并且势在必行,不仅是出于自身文化安全的考虑,更是在国际关系中关乎外交和国家发展决策的重要议题。

(三)全球化背景下文化传播的理念

全球化时代的文化传播已经呈现出了文化传播范围广、文化传播速度快、文化传播强度大、文化传播多样性等特点。在全球化背景下寻求文化传播的有效途径需要坚持以下理念。

第一,人本主义理念。在传统理论背景下,人没有主体地位,人的利益也不是国家行为的首要出发点。但是人、人的存在、人的生存状态、人的愿望与需求是人类社会的一切思想、行为、制度体系的起点、原因与归宿。所以,国际社会在寻求文化传播的途径中应该更符合人的要求,在文化传播精神上更关注人民,在文化传播内容上更体现人权,在具体的文化传播过程中不能仅仅拘泥于现有规定或是考虑国与国之间政治力量的角逐或军事力量的平衡,而应更多地从人的幸福与发展出发去解决问题。所以,随着全球化的发展,传统意义上的以服务于国家利益为主要目标的文化传播过程正面临着"人本主义"理念的冲击,要求文化传播的存在和过程更能体现人的尊严与需要。如中国借助"人文奥运"的平台,整合各种资源,客观宣传了中国社会、经济、政治等方面取得的丰硕成果,还世界一个真实的中国政治形象。

第二,可持续发展理念。可持续发展理念源自法律部门中的一个基本原则,主要指在发展的过程中要注意到同时代的人之间的公正待遇、不同时代的人之间发展的公平及人与不同物种之间的公平。可持续发展的理念已经成为发展国际关系时的一个必备考虑因素。而在探寻文化传播途径的过程中践行可持续发展所起到的作用是显而易见的。由于文化传播活动范围的跨地域性、活动方式的多样性等特点，坚持可持续发展理念可以为文化传播的顺利进行提供极其广泛的服务。一方面能为文化传播创建一个灵活及宽松的社会大环境，而另一方面又不会太过于灵活而失去对其的管制与约束，从而促使其更好地发挥作用。文化传播活动应该在需要的时间内持续存在，并且能够为国际社会的长期稳定提供支持。所以，文化传播应该致力于保证社会、政治和经济条件和谐地改善，并且不能威胁到国际社会中他人和后代的机会。

在实现文化传播的目标过程中，应该以可持续和谨慎的态度使用自然、人力、知识产权资源、物质和财务资源，要考虑到当代和后代的需要。除此之外，在文化传播的过程中，除了规定文化传播主体针对目标群体而进行的活动应该在促进可持续发展的基础上进行之外，还应该设置维持各文化传播主体之间共同尊重、支持、平等、信任和诚实基础上的可持续发展合作关系的义务；积极寻求与增强各文化传播主体之间的关系，使相互之间现存的关系和合作安排在国家和地方层面上保持活力和建设性；通过排除文化传播主体之间的冲突、不正当竞争、争吵、不和与对抗，在共同理解的基础上巩固他们之间的团结，持续地提供促进活动标准、共同学习、经验交流的机会，在不威胁自身整体性的基础上，寻求与其他文化传播主体之间的共同合作，致力于达到最理想的合作模式。

第三，和谐共存理念。在当代的国际关系理论中，已经经历了从权力政治理论到相互依赖理论的演变。20世纪，汉斯·摩根索在其著作中指出："国际政治，像一切政治一样，是追逐权力的斗争。无论国际政治的终极目标是什么，权力总是它的直接目标。"该种理论认为，各国在权力的支配下对国家利益的追求决定着各国的外交政策。在冷战结束之前,罗伯特·基欧汉和约瑟夫·奈在《权力与相互依赖——转变中的世界政治》中就提出了相互依赖理论,认为国际社会的行为体之间是相互影响和相互依赖的,这种理论适应了全球化的事实。

2005年4月,胡锦涛同志在雅加达亚非峰会上顺应全球化的潮流,提出了构建"和谐世界"的提议。"和谐世界"的主要特征为:①国家安全有最低保障;②和平有秩序和规则保障;③国际合作将在深度和广度上发展;④容忍多元性和多元文化价值观,并以开放的态度看待彼此的差异和融合。其中,上述第4个特征就是对文化传播在践行和谐共存理念中所提出的要求。在现行的文化传播理念下,国际文化传播行为体具有等级秩序,以英语为母语的发达国家在文化传播的等级关系中处于优先地位,而发展中国家却一直处于弱势地位,这种状态的存在确实阻碍了文化传播的自由发展。在对文化传播途径寻求的过程中,虽然各文化传播主体之间存在等级秩序,但是这种等级秩序必须建立在道德约束的基础上,注重各文化传播主体之间和谐机制的构建。所以,和谐共存为理念的文化传播结构应该建立一个多层次、多元化、立体型的传播体系。在该传播体系中,应该建立对文化传播活动进行监督的机构,寻求各行为体之间的合作,并对文化传播主体提供信息、进行培训服务,或者组织其参与某些活动。

(四)全球化背景下优化文化传播的途径

对于优化文化传播途径,除了有的学者所提及的提升经济实力和科技水平,更新文化传播理念,改革文化传播管理体制,研究文化传播规律,创新传播模式、手段和方法,研究受众特点之外,笔者认为还应该注重从以下方面入手。

第一,完善法规进行约束。中国对于文化传播的相关法律法规还比较欠缺,目前中国对文化传播制定的法规主要有2004年教育部发布的《汉语作为外语教学能力认定办法》,而这远远不能保障中国文化传播推广工作的顺利实施。而文化传播不仅关系到中国文化的对外交流,还切实关系到中国的文化竞争、软实力的提升与国际影响力的扩大。不仅如此,汉语在国际社会的影响力也在不断加大。所以,为了对文化传播进行法规约束,当前必须要做的就是完善国家相关教育法规,通过《中华人民共和国教育法》《中华人民共和国国家通用语言文字法》与《教师资格条例》等对中国对外文化传播加以详细的规定,使之有法可依。因为当今时代,谁的传播手段先进、传播能力强大,谁的文化理念和价值观念就能够更广泛地流传,谁就更有利地影响世界,文化的传播能力已经成为国家文化软实力的决定性因素。

第二,加强与国际组织的合作,构建国际文化交流规则。众多政府间国际组织与非政府间国际组织也为国际文化传播做出了巨大的贡献,如联合国教科文组织、成立于德国的歌德学院等都通过文化交流促进了文化传播,并且,联合国教科文组织先后出台了《世界文化多样性》《保护和促进文化表现形式多样性公约》等作为各国及各团体促进文化传播的法律基础。所以,中国应该积极寻求与这些国际组织合作,一方面为本国文化寻求更高层次、更多领域的话语权;另一方面也可以通过共同协商、共同参与的方式制定国际文化交流的共同规则,可以协调与完善各国法规的不足,规范和保障语言文化传播行为。

第三,尽最大可能发挥孔子学院的作用。作为中国的语言推广机构,孔子学院所起到的作用和英国文化委员会、法语联盟等一样,成为中国对外进行文化传播的品牌和平台,孔子学院在中国文化传播方面取得了很好的成绩,使国外民众越来越多地了解到中国文化。应积极地对孔子学院加强建设,从物质和法规方面都加大对孔子学院的投入力度,这不仅仅有利于中国的对外文化传播,而且有利于维护中国的国家利益。

第四,充分利用互联网技术进行文化传播。互联网已经成为人们获取信息的主要途径之一,人们可以通过电脑、手机等载体较为容易地获取信息。所以，充分利用互联网技术进行文化传播对宣传中国文化意识形态和价值观将是一个非常有用的途径。这就需要中国努力提高互联网技术，大力发展互联网文化，进一步对互联网的信息传播进行监管，禁止各种负面的、不良的、危害国家安全、损害国家利益及侵害社会和平与安全的信息进行传播。

二、中国文化传播的定位

（一）中国文化传播和汉语教学

有关文化教学定位的争论在汉语国际教育界由来已久，要分析中国文化传播中存在的问题产生的原因，抑或更进一步探讨怎样更好地在汉语国际教育中传播中国文化，我们首先必须明确中国文化传播和汉语教学的关系。

早期对外汉语教学界并不十分关注文化教学，二十世纪八九十年代开始，国内学界开始关注语言教学中的文化教学部分。学者盛炎指出文化是语言教学中的重要因素，并强调教师应有的对待文化的正确态度。北京语言大学教授赵金铭提出文化差异会对汉语教学产生影响，如引起语言交际中的误会等，而对文化冲突的不适应也会影响学生的汉语学习。北京语言大学教授刘珣进一步强调了文化教学的重要性，同时明确提出"对外汉语教学首先是语言教学""文化因素的教学必须为语言教学服务"。国家汉办在《国际汉语教学通用课程大纲》中对对外汉语的课程目标与内容进行梳理和描述，明确将文化意识定位为四种语言综合运用能力之一，至此在教学层面上对文化教学进行了定位，基本认同刘珣的观点，认为汉语作为第二语言教学的过程中，语言教学是核心，文化教学是对语言教学的辅助。尽管国内外很多学者都认同文化教学的重要性，但这并不意味着争论就此结束，即便现在，依然有对外汉语教师认为汉语教育最重要的部分是语言教学，文化教学并不重要，或者应该作为独立的文化选修课单列出来，而在日常汉语教学过程中，没有必要刻意地导入文化教学，而持该观点的以国外学者或是在国外体制下任教者居多。

　　第二种观点对文化和语言的不可分割性没有足够的重视,显然有失偏颇,但这种观点之所以产生也有其一定的合理性和必然性,这一点我们在后面再进行讨论。从教学层面客观地来说,我们同意中国文化教学是汉语教学的组成部分,文化教学的目的是更好地进行语言教学;如果宏观的从文化传播的层面来看,汉语教学的最终目的是更好地传播中国文化。

　　当今国际社会英语是毫无疑问的国际通用语言,但还有一些国家在不遗余力地推广本国语言,较为突出的有法国、西班牙和德国。推广法语的法语联盟1883年创建于巴黎,其主旨是将法语和法国文化发扬光大;推广西班牙语的塞万提斯学院1991年创建于西班牙马德里,旨在推动西班牙语教学、传播西班牙及其他西班牙语国家的文化;歌德学院在官网主页上对自身的定义是促进国外德语语言教学,并从事国际文化合作,通过介绍德国文化、社会及政治生活等信息展现丰富多彩的德国形象。语言学和文化学就语言是文化的载体这一观念已基本达成共识,不论我们主观上是要进行语言教学还是文化教学,在进行语言教学的过程中,必然或多或少地会涉及文化因素。因此,抛开文化传播的效果不论,语言教学的过程实质上就隐含了文化传播行为,语言推广实质上就是文化传播的一部分。因此,前文所提到的这些国家推广语言和文化的行为归根结底还是在进行文化传播,面对英语和以美国文化为代表的文化扩张行为,出于文化安全和国家发展的考量纷纷采取措施推广本国语言和文化。以此来看汉语教学和中国文化传播,则不难看出,中国通过孔子学院推广汉语及中国文化的行为与以上三国类似,语言教学的最终目的还是为了传播中国文化,提升国家的软实力。厦门大学的王治理就提出"无论是对外汉语教学,还是海外汉语教育,其最终目的不仅仅是向外国人传授汉语,更重要的是向世界传播中国文化。"

明确了语言教学最终是为更好地进行文化传播这一点,汉语国际教育学界始终存在文化教学和语言教学争议的根本原因就很明显了,相当一部分原因在于持不同观点的双方立场不同。认为文化教学是语言教学重要组成部分的国内学者站在本国文化传播的立场上,主观上就会对文化教学问题十分重视,会在教学过程中有意地在语言教学允许的情况下主动传播中国文化。当然,也有一些国外学者赞同该观点,这部分学者很多是从语言和文化教学相辅相成的客观角度进行考量的。而很多认为文化教学在语言教学中并不需要特别重视的学者大多是外籍汉语教师,或是在国外体制环境下教授汉语的教师,这些教师出于别国立场或教学环境考虑,汉语在他们看来只是一种语言工具,没有必要在教授的过程中用心为中国传播文化,扩大中国的软实力。要理解对外汉语教学同文化传播的重要关系,先有必要分析一下语言同文化的深层联系,也就是说究竟我们每天都在运用的语言是否影响我们对这个世界的看法,即我们的思维呢?早在1921年语言学家爱德华·萨丕尔和他的学生本杰明·沃尔夫就曾指出,语言的确影响着一定文化的行为方式和思维习惯。

也就是说,我们人类不是生活在一个纯粹的物质世界里,也不是生活在一个我们通常所理解的社会行为构成的世界里。事实上,真正的世界是整个社会群体无意中建立的语言习惯的巨大延伸。沃尔夫假说有两种解释,一种是语言决定论(Linguistic Determinism),另一种是语言相对论(Linguistic Relativity)。前者认为是我们的语言决定着我们对这个世界的观点;后者认为由于语言影响思维,说不同语言的人对这个世界将有不同的观点。现今大部分研究语言的人都倾向于赞同后者。也就是说,人们如何思考、如何说话在很大程度上是由文化决定的。正如沃尔夫指出的"我们通常分割和组织事件的传播与流通,这是因为我们一致认同通过母语这样做,而不是因为事物的本身就是如此"。关于是否应该完全接受语言相对论还有不同争论,但这种假说在语言和文化关系上的应用却非常明显。通过符号、规则和对宇宙的感知,文化影响着语言。当人们从一种文化转换到另一种文化时,我们所要表达的意义也呈现出不同的形式。路易斯在1996年曾就语言相对论如何发生作用讲过这样一个故事:他对祖鲁语言中为什么有39个关于"绿色"的词,而英语中却只有一个很感兴趣。于是他就去问一个祖鲁的首领。那个首领解释说,过去,在祖鲁的国家公路修成之前,祖鲁人经常长途跋涉穿过那片稀树大草原(Savannah),因为那时候既没有路标也没有地图,这段长长的旅程只有由那些以前到过那儿的人来描述。语言也因为适应这种需要而变得非常精准。比如说,他们有专门的词语来描述太阳照耀下叶子的绿色;叶子被水洗过后的绿色;绿叶被水洗过后又被太阳照耀的绿色;不同距离时叶子看上去也有不同的绿色;树叶、灌木的叶子、风中颤动的叶子的不同绿色;小河的绿色、池塘的绿色、树干的绿色、鳄鱼的绿色等多达39个不同的词语。文化影响着我们的语言,语言告诉我们生活的不同情况,没有相同经历的人,怎么可能理解这诸多细微的不同呢?正如西餐中有很多关于牛排的烹制过程中不同烹调火候的词语:Rare,Medium Rare,Medium,Well Done等,而汉语中却没有这许多不同;同样,汉族饮食文化中的煎炒烹炸蒸煮方式的不同,吃西餐的人听上去也绝不可能充分理解。文化就是这样同语言密不可分,语言是文化最重要的载体。

(二)提升我国文化传播能力的重大意义

提升我国文化传播能力,对于紧紧抓住文化发展的重要战略机遇期,大力推进文化建设,不断满足人民群众日益增长的精神文化需求,努力提升我国的文化软实力,具有十分重要的理论意义和现实意义。

提升我国文化传播能力是增强我国文化软实力的重要环节和重要组成部分。习近平总书记曾经指出,提高国家文化软实力,关系我国在世界文化格局中的定位,关系我国国际地位和国际影响力,关系"两个一百年"奋斗目标和中华民族伟大复兴中国梦的实现。提升我国文化传播能力能够从根本上促进我国文化软实力的增强,有利于增强中华民族的凝聚力,能够提高人民群众对我国文化的认知程度,加深人民群众对中华民族优秀传统文化以及优秀现代文化的熟悉和了解,增强国家和人民共同保护民族文化的自觉性,为更好地传承民族精神、发扬时代精神凝聚力量;有利于增强我国价值体系与制度力量的感召力,能够促进社会主义核心价值观的培育和践行,向全世界宣传社会主义制度的优越性;有利于增强中国文化的影响力,通过"润物细无声"的柔性塑造与传播,增强我国文化信息和价值观念的对外投射和相互流通,使世界在感受中国文化魅力的同时,充分认同中国和平崛起、文化多样发展的大国形象,使我国在获得国际社会肯定和认可中树立起良好的国际形象。

提升我国文化传播能力是满足人民群众精神文化需求的有效支撑。提升我国文化传播能力,是党和政府不断实现公民基本文化权益,满足人民群众精神文化需求的重要举措,为推动人民群众文化生活进步,提升全民族精神文化素质提供有效支撑。提升我国文化传播能力,有利于全面提升文化引领能力,有效利用先进的文化武装人、教育人、激励人,引领各项工作沿着正确的方向前进,不断凝聚人民团结奋进的精神力量;有利于全面提升文化供给能力,以满足群众精神文化需求、实现全民文化共享为出发点和落脚点,推动群众文化活动蓬勃开展,促进更多的文化精品走进基层、服务群众;有利于全面提升文化竞争能力,有效推动文化产业升级,积极开发各类文化资源,努力在优势文化产业领域培育竞争实力,在传统文化产业领域打造优秀品牌,在保障人民群众基本文化需求的基础上,尽力满足人民群众多方面、多层次、多样性的精神需求。

提升我国文化传播能力是扩大中国文化影响力的必然要求。民族文化是一个民族区别于其他民族的独特标识。在信息技术飞速发展的条件下,提升我国文化传播能力,大力弘扬优秀民族文化,展现当代中国优秀文化,宣传中国特色社会主义改革和发展的伟大成就,是不断扩大中国文化影响力的必然要求。提升我国文化传播能力,有利于维护世界文化多样性,打破经济全球化条件下的西方文化霸权,使各国人民更加认同我国的主流文化、大政方针和发展战略,有效提高中国的文化软实力;有利于广泛宣传我国传统文化中的"和而不同""以和为贵""协和万邦"思想;有利于充分利用市场经济手段和现代传播方式,积极打入国际主流媒体,不断拓宽中国文化"走出去"的途径和渠道,展现当代中国崭新的文化形象,推动我国对外文化交流向深度和广度发展。

(三)当前面临的问题和挑战

改革开放以来,党中央高度重视繁荣发展中国特色社会主义文化,我国文化建设取得了巨大成就,文化传播能力有了长足的发展。但由于受历史和现实因素制约,我国文化发展的深层次矛盾依然突出,进一步提升我国文化传播能力还面临一些问题和挑战。

文化传播效果与文化建设的目标存在较大差距。一是舆论引导能力较差;二是文化传播方法有待提高。一些媒体往往习惯于运用居高临下的灌输方式和命令式、结论化的传播语言,不考虑受众的心理特点和接受习惯,使得我们的文化传播显得生冷假硬、枯燥刻板,直接影响到文化传播受众的认同感和信服度。三是主流媒体综合实力不强。当前我国新闻资讯、文化产品和文化服务的传播速度、传播范围和实际影响与我国在国际上的实际地位很不相称。

文化传播观念与经济社会发展需求不相适应。随着改革开放的不断推进,我国文化传播观念也不断更新,以人为本的传播意识不断增强,"市场导向"观念有所提高,但从总体上看,仍然与经济社会发展需求存在一定差距。

第一,过分强调意识形态宣传,与人民群众不断增长的公共服务需求不相适应。文化传播的"宣传色彩"过重,对思想性和人文性重视不足,在人们关心的其他方面少有作为。

第二,文化传播"只报喜不报忧",与人民群众要求真实全面的知情权不相适应。

第三,文化营销意识淡薄,与文化传播"市场化"趋势不相适应。忽视对思想内涵丰富的优秀民族文化产品进行有效包装和市场化运作,文化传播中的无序化问题对当前社会生活带来消极影响。

第四,在文化传播中"跟风"现象严重。一些综艺娱乐节目内容、形式趋同,不仅不能满足人民群众多样化的文化需求,反而使各类大众媒体的受众不断流失。

第五,部分文化传播内容格调低下、庸俗媚俗。调侃民族文化经典、诋毁丑化英雄人物等媚俗化现象屡见不鲜。

(四)提升我国文化传播能力的对策建议

文化传播能力在很大程度上决定了文化影响力,决定了文化软实力。只有积极探索如何进一步提升我国文化传播能力,才能使文化的力量深深熔铸在中华民族的生命力、创造力和凝聚力之中,使我国在国际竞争中占据制高点,掌握主动权。

把提升文化传播能力纳入国家发展战略。提升文化传播能力是现阶段文化建设的重要内容,是国家发展战略中不可或缺的重要因素。必须积极把提升文化传播能力纳入国家发展战略,制订全方位的文化传播战略,明确文化传播的工作思路、工作重点和工作措施,从宏观层面和微观层面指导和推动文化传播能力的提升,扩大文化影响力。一是要明确文化传播战略的指导思想。牢牢把握社会主义先进文化的前进方向,弘扬以爱国主义为核心的民族精神和以改革创新为核心的时代精神,不断满足人民群众日益增长的精神文化需求;在与世界多元文化交流的过程中,坚持中国特色社会主义文化的主体性,加强对西方文化心理战的预防。二是要丰富完善文化传播战略的内容体系。积极确定文化传播战略的发展定位、总体布局和战略重点,根据新闻出版、广播影视、文化艺术等行业的实际情况,制定切实可行的文化传播战略,把弘扬主旋律与提倡多样化有机统一起来,控制国际文化传播的趋势、影响力和国内文化传播的倾向、调控力。三是要增强文化传播战略的操作性。可以借鉴北欧"一臂间隔"的有益经验,在文化政策制定机构与执行机构之间成立一个固定的专家委员会,重点审核文化战略的可行性和操作性;建议设立中国文化传播战略研究院,深入研究如何既继承自身悠久深厚的文化传统,又恰当吸收全球各种文化精华,营造国际化的文化气氛与文化感情。

深入研究和把握文化传播的特点和规律。文化传播是一项系统工程,面临诸多的复杂关系,必须积极研究文化传播的特点和规律,注重整体把握、协调发展,形成文化传播各要素的相互促进与良性互动。一是要把握受众的接受心理、接受习惯和思维特性。采取受众熟悉的传播手段,运用受众熟悉的语言,积极发现受众关注的内容,贴近受众对文化传播内容的实际需要,根据不同受众的特点,形式多样地进行文化传播,让每一个人都成为中国文化的传播者。二是要善于运用文化传播品牌扩大文化的影响力。努力转变传统观念,积极树立文化传播的品牌意识,不仅要注重文化传播的社会教育和意识形态功能的属性,还要注意文化传播的品牌效应和商业属性,利用鲜明和富有吸引力的文化品牌开展传播。三是要运用符合国际市场的运作方式传播中国文化。更多地借助通晓国际文化市场和运作的国际化专业机构和专业人士,对影视广播、图书出版、文艺演出等多形态的文化产品进行国际化的现代包装,使文化产品凸显中国特色。

充分运用现代科技和传媒进行文化传播。当今世界,科技发展日新月异,文化与科技的融合日益加深,必须顺应新形势,站在科技发展的最前沿,充分发挥互联网等新媒体的先进技术,运用电子图书、手机报刊、网络视听、移动电视、在线娱乐等新兴传媒传播先进文化和中国文化,进一步增强文化传播能力。一是要针对现代科技和传媒的便捷性,开展全面高效的文化传播。充分运用现代科技和传媒极快的传播速度,在短时间内将党和国家的最新政策迅速传播给受众,极大地提高各种文化的传播速度和效率,使文化瞬间即可传遍各个角落;加深和扩大各种文化的交流与交融,在引进与吸收外来优秀文化的同时,更重视和加强中国文化的传播与输出,运用动态的文化保护方式,将丰富的文化艺术和独特的文化资源整合为可共享的反映优秀中国文化的数据库,扩大中国文化的知名度和覆盖面。二是要针对现代科技和传媒的互动性,开展平等双向的文化传播。积极提供大众参与讨论、发表感想、献计献策的网络平台,运用论坛、博客、微信等网络交流工具,为人们平等交流文化提供空间,开辟广大群众参与文化传播的新途径,提高每一个人作为文化传播主体的积极性和主动性,改变过去那种"我说你听,我打动你"的单向文化传播模式。三是要针对现代科技和传媒的海量性,开展丰富生动的文化传播。积极丰富文化传播的内容,加强对海量文化传播内容的归纳与整理,增强海量文化信息的吸引力,营造良好的文化传播氛围,扩大文化传播的覆盖面,为人们提供较多的文化传播选择,让人们受到更多的文化传播熏陶。

切实做到文化传播体现人性化要求。改革开放以来,人民群众精神文化生活发生很大变化,文化消费需求呈现出多方面、多层次、多样化的特点,文化传播要把满足人民群众日益增长的精神文化生活需求作为出发点和落脚点,积极开展充满人性化的传播。一是传播方式要实现从自上而下的强制、灌输到平等的沟通、交流的转变。积极进行意识形态传播话语和形式的创新,让受众心悦诚服地接受文化宣传,多频率、多形式、多层次紧贴人们的文化需求,捕捉文化传播中的精神亮点,挖掘其中的思想道德价值和民族精神价值。二是传播取向要从以政治宣传教育为目标向人文关怀式的文化传播转变。坚持以人民群众的需求为第一信号,根据不同层次的文化需求,设计不同的文化载体,开展多样的文化活动,让人民群众在"文化创造"上各尽其能,在

"文化提高"上各得其所,在"文化享有"上各取其利。三是传播对象要从单一指向高端人群向服务大众转变。文化传播不仅是高雅的精英文化传播,更要面向大众、接近群众,寻求大众参与,积极培育人民群众的平民意识、参与意识、民主意识,力争在面向市场中谋发展,在服务群众中求效果,积极扩大文化传播的覆盖面和影响力。

通过市场运作为文化传播注入新的动力。提升文化传播能力需要遵循市场运作的基本规律,坚持以市场化为导向,积极优化配置、挖掘利用各类文化资源,通过文化产业的积极带动,为文化传播注入新的动力。一是要积极优化文化结构和布局,打破条块分割、地区封锁、城乡分离的市场格局,加快建设文化产业集中区,建设重点文化产业带,促进区域文化产业协调发展,提高文化产业规模化、集约化、专业化水平,形成统一、开放、竞争、有序的现代文化市场体系;二是要通过重点文化产业项目带动,努力在优势文化产业领域形成强大竞争实力,在传统文化产业领域打造优势文化产业品牌,在新兴文化产业领域实现跨越发展,形成一批有竞争优势的主导产业,培育一批特色鲜明的产业区块,发展一批骨干文化企业;三是要充分发挥市场在配置文化资源中的基础性作用,利用好国内国外两个市场、两种资源,必须"内知国情,外知世界",建设好文化业务和经营管理两支队伍,培育一批知名度高、影响力大的文化品牌,形成一定规模的文化产业链,努力培育一批符合现代企业制度要求的国有及国有控股的文化企业和企业集团,使之成为我国文化传播的主导力量。

三、传播学视角下的中国文化传播问题分析

在当今全球化背景下,文化的重要性已经日益凸显出来。文化与政治、经济相互交融,在综合国力竞争中的地位和作用越来越突出,文化深深地熔铸在民族的生命力、凝聚力和创造力当中,显示出强大的精神力量。在文化的交流过程中,各个国家都试图通过文化软实力的提升而获得更多的国家利益。从国家软实力的建设来看,文化是一个

国家软实力的标志,它在国际竞争中扮演着举足轻重的角色。按照美国教授约瑟夫·奈的观点:一个国家的综合国力既包括由经济、科技、军事实力等表现出来的"硬实力",也包括以意识形态和文化吸引力体现出来的"软实力",软实力集中归纳为文化影响力、意识形态影响力、制度安排上的影响力和外交事务中的影响力。一个国家文化软实力的高低,取决于该国在国际社会所获得的文化认同感和影响力的大小。一个国家、一个民族的文化传播能力是体现国家整体实力和民族精神的重要标志之一。能否抓住机遇、主动出击,传播自己的文化,既是民族文化发展与推进战略的必然选择,同时也是一个国家通过其优秀文化展示自身文明发展成果的重要选择。因此,当今世界各国,无不注意其民族文化的传播,努力开拓和丰富其文化传播途径。

借助民族语言来推广本国文化,已成为很多国家加强文化软实力建设的重要途径,有的甚至把推广本国语言和文化列入国家的外交政策和文化政策之中,如美国、日本、英国、法国、德国、俄罗斯等都设置了专门的语言(或文化)传播机构,把传播本国文化、促进文化交流作为机构的设立宗旨和工作内容。例如,法国主要语言推广机构法语联盟在语言推广中将文化作为最主要的语言推广特征,其主要宗旨是传播法语,弘扬法国文化;英国文化委员会宗旨是推广对外英语教学,增进外国对英国文化的了解,推广英国的价值观念;德国的"歌德学院"是德国最大的德语传播和推广机构,其宗旨与目标是促进国外的德语语言教学,增进与各国的文化交流。语言文化软实力能够于无形中影响他国意愿和决策,因此,当今世界各国才会不遗余力地向外推广自己的语言和文化。语言文化传播的事实也表明:语言文化的推广程度与一个国家的发展水平是相辅相成、相互推动的。

一个国家的语言和文化得以广泛传播,首先要以这个国家的政治、经济、军事等的发展为前提,而当一个国家的语言和文化在更为广泛的领域得以使用和接受,又会对这个国家的后续发展提供有力支持,并且持续不断、长期存在。

语言对人的影响往往因为与我们自身过度贴近而容易被忽略,但是,语言的认同是民族认同的重要方面,它在文化和民族心理上对人影响巨大。汉语在几千年的传承中,已经融入了中华民族最生动、最丰富的文化情感和文化精神,是最体现我们民族化特色的东西。汉语的发展是我们国家发展的一个缩影,它背负着一个民族的过去、现在和未来,是一个国家和民族文化的命脉,是维系一个民族的纽带,昭示着一个民族鲜明的存在。在语言教育中,如果我们对汉语中蕴含的珍贵文化遗产视而不见,就会割断文化传承的根,使历代创造的文化精粹趋于灭亡。庄子说:"指穷于为薪,火传也,不知其尽也。"历史不能割断,文化无法终结,汉语积淀着中国几千年文化的精髓,汉语传播不能中断,中国文化不容抹杀。

语言作为文化的载体,语言教育就不可避免地进行着文化的传递,在语言教学的同时也意味着文化的传播。利用对外汉语教学推广中国文化有助于中国与其他各国的文化沟通,有助于增进世界各国对我们的了解,树立良好的国家形象,同时,还能提升我国语言文化软实力,保障国家文化安全。作为一个学习汉语言文字多年,对祖国语言文化有着深厚感情的人,我们要推广自己的语言和文化,在向世界教授汉语的时候,就不能仅仅把它当作工具来介绍,还要承担起向世界传播中华文明的使命。作为处于文化推广前沿阵地的汉语国际教育,我们要具有世界性的眼光,在语言的教学中自觉推广中国文化,依靠中华民族文化深厚的底蕴为支撑,保持和提升中国文化在世界文化之林中的价值,使千古厚积的东方智慧在人类文明中保持自己的一分精彩。也只有这样,才能适应和满足世界各国急速增长的汉语需求和学习热情,加强和增进与各国人民之间的友谊合作和文化交流,语言流动的辐射力才能更广,影响才会更深远。从这个意义上讲,汉语的国际推广和文化传播是实现中华民族伟大复兴的战略举措和标尺。

语言和文化关系密切,它能够保持国家和民族的身份。从本质上讲,语言是一系列字母、符号及它们的使用规则。而这些字母和符号是因文化而异的。最简单的例子,中国人说房子,美国人说house。语音、语调都各不相同。要了解一个国家,一个民族的历史、文化、道德观念、风俗习惯等,必须通过学习这个国家人民使用的语言,而学习这个国家的语言,同时不可避免地要学习这个国家的文化。对外汉语教学是一种语言教学活动,每时每刻都在进行着不折不扣的跨文化传播。对外汉语教学教授的是汉语言文字,具体地说,是汉语言的语音、词汇、语法、修辞及其具体的组织原则。语言有其自身的规律性,但同时,语言体现的是文化,这也是毋庸置疑的。

当前,中国以其强劲的经济发展势头崛起,成为令世界瞩目的强大力量,政治、经济、军事等领域的国际影响力与日俱增,然而中国文化的传播还远未达到应有的地步。尽管在世界上学习汉语的外国人非常多,并且汉语还是联合国六大工作语言之一,但它在国际重要交际领域的使用还十分有限。很多地区性或国际性的组织、会议真正使用汉语的并不多。汉语和中国文化的海外传播也并非我们想象的那么乐观,不少外国人对中国社会和文化的陌生与误解也让我们感到痛心。当我们以无比的包容了解和熟悉外国文化时,却发现很多国家的人民对我们的社会和文化还知之甚少,加上一些西方国家因意识形态问题在舆论上对中国的歪曲以及中西文化的巨大差异,很多外国普通民众难以正确了解和认识真实的中国。另一方面,作为汉语使用的主体,汉语在中国的状况也让人担忧。以美国为首的西方国家通过传播语言、输出文化产品以及吸引中国留学生等方式,对中国本土文化造成严重冲击,并潜移默化地影响到国民心理。在对外汉语的传播过程中,尽管我们已经认识到语言的学习能够加强文化认同感,中国传统文化蕴含着丰富的思想内涵,但汉语的对外输出,还是将重点放在语言产品本身,而忽视了附加其上的文化利益诉求。

语言是一种特殊的文化力量,中华民族文化和精神作为民族凝聚力、创造力、推动力,是一种内隐的文化竞争力,对于提高综合国力具有不可小觑的作用。当中国成为世界发展越来越强大的参与力量,在国际社会发挥着越来越重要作用的时候,它为中国语言和文化的传播提供了可靠的保证。汉语语言已成为展示中国悠久文化和当代发展成就的媒介,汉语正以其特有的魅力散发出迷人的光彩,一些国家已经将汉语教学纳入其主流教育体系当中,如在日本、韩国、美国、加拿大等,汉语已被列为大学入学考试的外语科目之一。发展的中国正以它独具魅力的悠久文化、蓬勃旺盛的经济活力和与世界同步的发展态势吸引着全世界关注的目光,对外汉语教学也迎来了自成立以来最难得的发展机遇。

在这样的时代发展背景下,我们要抓住有利时机,大力支持汉语走向世界,实施中国文化"走出去"战略,为中国的发展赢得更大的空间。将汉语的推广与中国文化的传播有机融合,适时调整对外汉语教学的发展策略,建立以语言知识掌握和语用能力提升为浅层目标,以文化传播为深层目标的教学机制,大力提升汉语在世界语言体系中的国际竞争力,培养喜爱、欣赏和认同中国文化并致力于中外文化交流的友好力量,理应成为对外汉语教学未来工作的发展方向。陕西师范大学张德鑫老师就曾经说过:"对外汉语教学的宏观宗旨是弘扬中华文明,这从根本上决定了对外汉语教学就是传播中国文化。"为更广泛地传播汉语语言和中国文化,我国政府开始实施汉语"走出去"战略,在世界各地成立孔子学院和孔子学堂,《孔子学院章程》第一章总则第一条就明确写道:"孔子学院致力于适应世界各国(地区)人民对汉语学习的需要,增进世界各国(地区)人民对中国语言文化的了解,加强中国与世界各国教育文化交流合作,发展中国与外国的友好关系,促进世界多元文化发展,构建和谐世界。"2007年,时任国家汉语推广领导小组办公室主任许琳说:"海外通过汉语学习中国文化、了解当代中国的需求十分迫切。'孔子学院'已成为体现中国'软实力'的最亮品牌。"文化价值在对外汉语教学中的彰显，能使它获得更深入、更持久的发展动力。我们必须为来自五湖四海的汉语学习者搭建一个语言和文化交流的平台，展现中国文化的深度内涵和文化精髓，增强他们对中国文化的认同感，提高他们对中国文化的鉴赏能力。这是中国文化走向世界的需要，必然会对中国文化的传承和创新发挥不可替代的作用，同时对我国政治经济文化的发展也有不可低估的现实意义。

韩国文化观光部部长曾说：19世纪是军事征服世界的世纪；20世纪是经济发展的世纪；21世纪是以文化建立新时代的世纪。重估中国文化在当代社会的价值，振兴中国文化在当今世界的地位，已经凸显成为对外汉语教学面临的一项迫切任务。正是在这个意义上，"对外汉语教学"已发展成为一项"国家的、民族的事业"。培养正确了解中国、对中国友好、懂汉语的人才，使汉语和中国文化在更大的范围内得以推广，这不仅仅是文化教育领域的事情，更是关乎国家和民族生存发展的大计。

从宏观角度来看，汉语国际教育中中国文化传播效果不尽人意的原因主要有以下两点：一是他国出于文化安全的顾虑；二是中国的硬实力对文化传播产生了消极影响。

第一点很好理解，出于对自身文化安全的顾虑，每个国家在面对他国的文化传播时都会较为敏感，当中国在向世界进行文化传播时自然也会面临同样的问题。尤其是中国作为拥有数千年漫长历史的大国，历史上周边国家都或多或少受到过中国文化的影响，当这些国家面对中国的文化传播时，心态更为复杂也更为敏感。

第二点就要说到前面已经提过的硬实力对文化传播的影响问题，硬实力较强的国家在进行文化传播时可能会遇到更大的阻碍。中华人民共和国成立后，尤其是改革开放之后，经济和军事实力等都有了长足进步，在世界的影响力与日俱增，这些优势反而成为文化传播受到阻碍的原因之一。中国硬实力的增强让一些国家产生了不安情绪。

作为传播学研究的分支,文化传播研究有自己的边界。所谓"文化",指的是以观念形态为核心形成的一整套与之相适应的文明体系,即钱穆所说:"文化"是关乎人类群体生活的精神层面,由群体内部精神累积而产生的东西。"传播"则是传播学最基本的概念,按照威尔伯·施拉姆的定义,指的是信息经过社会信息系统运行而实现的交流及其影响。传播学视域下的"文化传播"研究把社会信息的传递视为文化保存、传承、蜕变、增值的过程,关注文化通过社会信息系统得以传承的问题。事实上,"文化"与"传播"关系密切,有文化则必有传播,传播是文化得以存在的首要条件,有传播则必有文化要素的交流互动,人类正是通过文化的代代相传,构建自己赖以生存的精神和物质世界,文化传播是人类传播活动中最重要和最基本的类型。

按照传播学的观点,完整的传播活动需要五个基本要素:传播者、受传者、媒介、传播内容和反馈,其中传播者(主动进行信息传递的人)和受传者(接受信息并做出反应的人)是传播活动的主体,传播媒介是承载信息的载体和渠道,传播内容指的是传播活动具体传递了什么性质的社会信息,它们涵盖了传播活动的基本方面,传播学者在文化传播史领域的研究也可以用这三个维度来概括。

(一)传播主体研究方面

中国学者关注在中国传统社会中较具特色的文化传播活动,特别是活动者的身份、在何种传播思想的指导下如何进行,造成何种社会影响,试图以此另辟蹊径,对中国传统文化的形成和特点重新评估。其中,文化传播活动主体的社会身份及其方式研究可谓关注者众,成果也较多,不乏有意义的创见。1988年出版的吴予敏的《无形的网络——从传播学角度看中国传统文化》一书堪称中国内地最早从传播学角度进行这一课题研究的尝试之一。该书在运用西方传播学理论分析中国传统文化上做出了开拓性的贡献,例如作者指出不同于西方,作为古老的农业文明,几千年来中国社会特有的社会组织如家族、乡社、职业社团、信仰团体等通过家教、社祭、乡帮行会的活动一直在以自己的方式传播和维系着传统文化。

李彬的《唐代文明与新闻传播》成书时间亦较早,作者将目标聚焦于唐代,指出当时的社会信息传播分为官方、民间和士人三个层面,与它们密切相关的官方主导文化、大众民间文化和士人经典文化由此形成。毛峰的《文明传播的秩序——中国人的智慧》,对中国文化独有的精神内核与传播方式进行了深入辨析,例如,作者总结传统中国的特色之一即在制度中特设纳言之官主管审查政令,三礼之官总掌祭祀,典乐之官主管全国教育学术文化,司徒之官负责协调人际关系,"四官"不但负责实际事务,同时都担负着传播文化,在精神上引领民众的作用。20世纪90年代以后中国出版了数部中国传播史,如武汉大学新闻与传播学院教授李敬一的《中国传播史》(先秦两汉卷)及《中国传播史论》、中国传媒大学影视艺术学院教授周月亮的《中国古代文化传播史》、山西大学文学院新闻系教授王醒的《中国古代传播史》、云南师范大学文学与新闻传播学院教授郝朴宁与云南师范大学哲学与政法学院院长陈路等合著的《中国传播史论》,尽管在侧重点上与前几部专著不尽相同,但大多史论结合,不但向读者介绍了不同历史时期文化传播的现象,还对它们进行了一定的总结。其中在关于传播者的身份研究方面,多能对中国古代社会特有现象加以特别关注,例如李敬一教授指出,中国社会向来重史,史官制度完备,史官记事对于纪录和传承文化具有特别的意义。

另一方面,传播者如何进行文化传播活动由其传播思想决定。就文化传播而言,先秦阶段的中国文化轴心时代辉煌灿烂,儒、道、法等诸家不但创立了诸多原创性的思想学派,亦注重强调以不同的方式把它们传播出去,或游说或著书,或官方化或转向民间,于无形中开创了中国传播思想之源,因而探讨这一方面的文章数量较多,较早的如陈力丹的《论孔子的传播思想——读吴予敏〈无形的网络——从传播学角度看中国传统文化〉》,既是对前一时期吴予敏专著部分内容的回应,还指出孔子思想本身即是为已存在的社会秩序赋予了合理的灵魂,使强硬的权力关系转化成自上而下的伦理顺从,即伦理权力化,中国传统社会以政治权力为核心的结构由此而起。其他对诸子传播观的专门研究也比较多,例如武汉大学新闻与传播学院教师余晓莉认为不能简单地把道家思想理解为"愚民",道家之"无为"是针对需索无度的统治者提出的,事实上道家提倡爱民治国,也从未放弃以言载道的努力,只是他们强调语言的暧昧和模糊性,提出"行不言之教",提醒人们非语言传播的重要性,集中探讨道家语言传播的求真意向和求美旨趣。关于法家传播思想的评估亦有一定交集,只不过角度有所不同,安徽师范大学教师张翅更多地关注法家自身的特点,指出法家重视"法"的大力传播和普及,而对其他文化传播活动主张实行极端的控制政策,西北政法大学教师刘亚玲则认为儒家和法家看似水火不容,但在传播思想上却有相似之处,比如都有明确的传播目的及高明的传播技巧。2005年,上海大学影视艺术技术学院常务副院长金冠军教授和中国传播学会会长戴元光于上海交通大学出版社出版的《中国传播思想史》古代和近代传播思想共三卷(现当代部分为一卷),体大虑周,以时代为背景勾画出中国古代传播思想发展的轮廓。

(二)传播媒介研究方面

学界查考中国文化传播活动中不同的媒介所起的作用,怎样发展出了各具特色的媒介文化,并在此基础上总结其对传统社会的影响。据此,相关研究内容可以分以下三个方面。

第一,关注承载文化信息的各种传统符号形式。例如1990年著名社会学家沙莲香主编的《传播学——以人为主体的图像世界之谜》,即以相当篇幅论及中国传统的文字符号与文化之间的关系,如认为西方的字母文字纯粹是声音符号,而汉字取像为主、声形相拼,乃是音义结合的符号,因此具有超强的保存与整合文化信息的能力,几千年来汉字一脉相承从未中绝,不论任何地域而文字一直保持了同一性,造就了中国历史悠久地域广大但文化始终完整统一的局面。

第二,区分传承传统文化的各种物质载体。较具代表性的研究如孙旭培、王怡红等学者合作的《华夏传播论》中全面总结了从声音到服饰、建筑等多种作为主要传统文化载体的物质形式,例如王怡红指出中国古代的官式建筑以作为专制权力象征为己任,古代民居的布局、朝向等特征则可以视为伦理秩序观念的具体表现。毕跃辉《论文献载体对中国古代文化传播的影响》以古代文献为研究对象,指出文献是传播文化的重要载体,而以文献的物质载体论中国古代常见的种类有甲骨、金石、简牍、棉帛和纸,反映了不同历史时期文化传播的不同情况,甲骨和金石在公元前16世纪至公元前后一直是最主要的文献载体,简牍的使用时间介于前者至公元5世纪,棉帛则为公元前8世纪至公元5世纪,而纸张自公元1世纪至今仍是文献保存和传播的最佳介质。事实上作为最早使用纸质文献的古老文明之一,纸质文献对于中国社会意义重大,而中国古代的纸质文献种类与作用亦各不相同。北京师范大学文学院教授于翠玲的《传统媒介与典籍文化》以中国古代文化典籍为研究对象探讨其特征和它存在的意义,并深入社会背景,考察不同时代和种类的典籍作为传统文化的载体所造成的影响。

第三,总结文化信息传递所依赖的媒介技术。较具代表性的研究如李敬一教授在《中国传播史论》中开辟专章探讨活字印刷、蔡侯纸的发明在传播技术史上的重要意义,并指出基于传播技术与社会发展之间的密切关系,纸和活字印刷技术的出现在世界传播史上都是无可置疑的重大事件。

王醒亦详列从雕版印刷到活字印刷的历史,特别是活字印刷在中国古代于毕昇外尚有木活字、泥活字等技术出现,指出活字印刷的意义在于信息的批量生产,而这一点在中国古代已经部分做到,但由于社会条件所限,中国古代的印刷事业一直停滞不前。

(三)内容研究

以中国传统文化不同领域传播活动的内容为主,尤其是那些中国传统社会中发展充分、独具特色的领域,总体说来,内地学界对政治传播、文学传播等中国古代社会发展较为充分的领域着力较多。

中国古代政治传播的研究自20世纪即已经开始,一直是传播学界关注的热点。深圳大学传播学院院长吴予敏指出,中国古代社会政治领域的传播事关封建专制政体如何运作,他和周月亮教授均认为封建社会高度集权的制度结构具有对于政治信息和社会舆论超强的控制能力。后来的研究者更进一步细化了对此课题的研究,例如厦门大学人文学院中文系教授黄鸣奋的《说服君主——中国古代的讽谏传播》,专门考察中国古代社会君臣之间的讽谏传播,从讽谏传播的主体、传播手段、方式和内容进行了专门考证;青岛大学文学院广告学系副主任陈谦的《传播学视野中的中国古代政治——"一言兴邦,一言丧邦"的传播观为例》,则认为在中国古代的政治实践中,由于向来是政权兴衰系于君主一人,严格控制信息传播使得"一言兴邦,一言丧邦"成为中国古代政治传播观的基本表述。学者李晓瑞的《政治谣谚:中国古代社会一种重要的舆论形态》,则发掘了历来多被视为民间文学的谣谚,指出政治谣谚具有严肃的政治内容,是民间心态和意愿的非正式表现,是古代社会中重要的舆论形态。

在文学传播的研究方面,虽然过去对某一种文学题材的流变史研究在古代文学的学科范围内早已有之,但是今天的情况有所不同,相当一批具有文学学科背景的学者开始尝试使用传播学理论和研究方法,加入了传播研究的领域,甚至有人提出建立"文学传播学",中南民族大学文学与新闻传播学院教授王兆鹏2006年发表的《中国古代文学传播方式研究的思考》《中国古代文学传播研究的六个层面》即已实践了这种设想。目前,中国古代文学传播的研究者主要集中分析文本之外的促使文学作品流行的要素,例如河北大学教授白贵的《略论诗话传诗中的"意见领袖"现象》,提出在中国古代社会传媒不发达的条件下,诗歌作品的流传范围有限,诗话作者作为评价者对于诗歌的品评往往就左右了人们对相关问题的看法;华东师范大学终身教授陈大康的《熊大木现象:古代通俗小说传播模式及其意义》,指出人们过去往往忽略了在古代通俗小说的流传中,书商所起到的主导作用;上海师范大学人文学院教授宋莉华的《插图与明清小说的阅读及传播》《明清小说评点的广告意识及其传播功能》,认为古代小说特殊的包装形式——插图、评点,对于增加读者兴趣、宣传通俗小说有着很好的效果;济南大学文学院教授郭浩帆的《清末民初小说与报刊业之关系探略》、上海师范大学人文学院教授刘永文的《晚清报刊小说的传播与发展》等则指出晚清大众传媒的出现才引发了近代文学在内容和形式上的转型。值得注意的是,近年来,现当代文学中传统文化的传播与接受的研究也渐渐多了起来,这种研究集中于传统文化对于今人的影响,例如武汉大学文学院教授樊星的《在当代文学与古典文学之间探索》,即试图寻找当代中国作家身上的传统文化之根。

总体而言,自20世纪70年代末至今,在多年的发展过程中,中国文化传播史的研究已经取得了初步的成绩,在一些基本问题上得到了共识,肯定了中国传统文化有着自己的传播模式和特点,并深深地影响了自古及今的中国社会。

但这一领域的研究毕竟刚刚起步,还存在着相当的不足。仅从学科发展的角度考量,中国文化传播研究的基本框架尚未完善,在以下两个方面尤有缺憾。

第一,文化传播史的史料梳理:中国历史悠久,文化源远流长,但中国自古至今的文化传播史料方面仍存在着部分空白点。尽管以往其他学科对纵向的千年文化传承史和横向的文化交流史(即中国传统文化与外来文化的碰撞)也有所关注,但是从传播学角度进行"传播"

本体的考察,势必产生新的发现。

第二,理论建设:中国古代文化传播的规律性总结仍然有待继续,关于中国古代社会的传播制度、媒介、传播方式和传播观念等与中国传统文化之间的关系,探索刚刚起步。通过比较中国的文化传播史与西方之异同,学界从中得到的理论成果必将对推进来自西方的传播学本土化有所帮助。

从对外汉语教学的授课方式本身即课堂教学上来看,对外汉语教学是一种跨文化传播活动。来自不同国家,不同民族,不同文化圈的留学生和一位中国老师在一起通过汉语这一古老的语言进行交流,虽然说的都是汉语,但表达的却是基于不同文化群体的不同思想感情,即使是同一话题,由于其文化背景的不同,文化习惯的不同,也会有让人有意想不到的大相径庭的结果。比如最简单的打招呼问题,虽然大家说的都是"你好",但对这个"你好"的理解却有着本质的不同,中国老师和对外汉语教育工作者认为这是外国人的习惯,是尊重他们的传统的体现,显然不是中国固有的传统,因此是一种不折不扣的客气,不冷淡,但也绝对热情不上来;西方人认为这是在说中国话,用汉语打招呼,很自豪,他们往往期待着中国人进一步的反应,因为他们根据他们自己的文化习惯,说了"How are you!"或者"Hi!"以后,认为对方应该回答,应该有所反应。因此,有时候他们把这个不中不洋的"你好"的语调变成升调,把句式变成一种问句"你好吗?"从而更明显地想提醒对方作答。即使是同样具有东方文化传统的日本和韩国留学生,在这一问题上,同样显示着自身文化的约束力和影响力。在对外汉语教学界,最常听到的打招呼就是这种跨文化交流的产物"你好,老师!"即使发音是地地道道的汉语普通话,中国人听起来还是有点儿难受。差别在哪儿呢?文化背景和文化习惯。

探讨过去是为了今天与未来,一切历史都是当代史,中国正面临着的全球化的时代,同时也是一个新的文化冲突和竞争的时代,从中国悠久的文化传播历史中所总结的经验定能促进人们对传统的认识和反思,也应该能为我们今天的文化传播事业提供特别的经验和智慧。

在这样的国际形势下,中国的文化传播之路自然不会十分顺畅,那么结合现实状况,我们的文化传播要针对以上两点国际顾虑明确传播目标。首先,需要强调我们并不是在进行文化扩张,没有意图也不会威胁他国的文化安全,传播中国文化的本质在于支持文化多元性,是在顺应社会的发展;其次,传播中国文化并不意味着我们要走向霸权的道路,正是因为其他国家不够了解中国和中国文化,才会在一些国际事务和事件中曲解中国,我们的文化传播是为了减少在国际交往中不必要的误解和摩擦,使中国和其他各国能够和谐相处,共同发展。国家汉办的《国际汉语教学通用课程大纲》中,也在文化教学部分提出增强学生的跨文化意识,培养学生的国际化视野和世界公民意识。只有有了正确的传播目标,并以之作为教学的出发点和对学生的培养目标,在教学中贯彻实施,尽量消减学生的顾虑和抵触情绪,打下良好的基础,才有可能达到更好的文化传播效果。

四、对外汉语教学中文化传播的现状与分析

(一)对外汉语教学中文化传播的现状

对外汉语教学中文化传播的现状从国内外对外汉语教师的思想意识到对外汉语教学的实践两个方面来分析,可以清楚地看到目前所取得的成果以及尚存在的不足之处。

1.汉语国际教育教学中同时进行文化传播的积极成果

在理论上,对外汉语教学中的文化传播经历了一个从自发到自觉的过程。

对外汉语教学作为学科始自1950年,其中的文化传播活动由最初的自发到后来的有目的、有计划地进行,经历了一个过程。在对外汉语教学中是否要进行文化传播这一问题,从事对外汉语教育的教师和

学者,曾经展开过多次讨论,取得了很多可喜的成果。其中1994年底召开的"对外汉语教学的定性、定位与定量问题座谈会"及1995年以后的深入研究至今已达成的共识是:对外汉语教学中一定要进行文化传播,对外汉语教学中的文化定位"既不能过窄,也不能过宽"。也就是说,文化教学必须有"度",必须受语言教学总目标的指导和制约。因此,从意识形态上,这种思想贯穿了对外汉语教学的整个过程,从课程设计到教材编写,到课堂教学,这一观念已日渐深入。

在实践上,汉语国际教育教学中的文化传播经历了一个从无序到有序的过程。解决了观念问题后,在具体的汉语国际教育教学实践中,广大的对外汉语教师也逐渐开始关注文化传播问题,伴随着全球化的脚步,跨文化交流在课内外得到了很好的展开,文化冲突问题也得到了更多的关注,相关研究从理论到实践都得到了深入发展。这从最近十几年发表的诸多文章中可以得到很好的证明。同时,随着汉语的国际推广大业的开展,海外的孔子学院在几年之间蓬勃发展起来。孔子学院的迅速发展,使得对外汉语教学中的文化传播活动向前迈出了一大步,更直接地面对海外,在异国的环境里传播中国文化。国内各大院校的对外汉语教学以及各种社会力量的办学机构里,对外汉语教学中的文化传播逐步井然有序;国外孔子学院及各大院校的汉语专业中对外汉语教学的文化传播也日益秩序井然。这得益于教师队伍的壮大,教材编写的科学,教学实践的发展等各个方面。

在理论与实践的结合上,对外汉语教学"文化大纲"的出台正在积极酝酿中。对对外汉语教学相关理论问题的研究最近十几年成果颇丰。相关文章书籍也频频出版,这些都充分证明了对外汉语教学从理论到实践都日渐成熟。2001年4月,回顾并总结对外汉语教学的历程和经验,国家汉办立项并直接领导,北京外国语大学、北京大学、北京师范大学、中国人民大学和北京语言大学的几位教师参加,组成撰写班子,历经4年,到2005年完成了中国对外汉语教学领域的第一部断代教学史著作《新中国对外汉语教学发展史》。目前,对于对外汉语教学中哪些文化因素应该传播,哪些文化因素会影响实际的交流,对外汉语教育工作者正在加紧研究,力争对诸多文化因素进行定量分析,最终能出台一部对外汉语文化教学大纲,从而对对外汉语教学起到积极的指导作用。朝着这一目标努力的过程,将是目前对外汉语教学飞速发展的现实。

2. 对外汉语教学中同时进行文化传播的不足之处

在理念上,对对外汉语教学的性质把握还不够准确。尽管在思想上对外汉语教育工作者都明白了对外汉语教学同时应该进行文化传播,但由于目前对外汉语教师队伍良莠不齐,加上文化博大精深,反映到语言中更是无所不包,不同的语言包含着不同的文化内容,大到文章段落,小到片言只语,甚至不同的句式、修辞,都包含着一定的文化内容,而这一切都是在具体真实的语言环境里存在的。语言的无穷无尽和转瞬即逝以及各种语言的约定俗成性,都影响着对外汉语教师的教学实践。国内外对外汉语教学从业人员中,对对外汉语教学的性质到底是什么,尽管业界已经达成共识,但实际生活中还是有人把握不准,这直接影响到对外汉语教学文化传播的效果。而目前对外汉语教师缺口巨大,尽管国家已有目的地放宽了相关资格考试尺度,但对外汉语教师队伍总体还是供不应求,这事实上已导致了队伍本身质量难以保证。对对外汉语教学学科性质的把握自然也就难以保证。

在教学实践上,文化传播内容的随意性较大。在目前的对外汉语教学界,对对外汉语从业人员及广大的对外汉语教师而言,文化传播的现状是比较随意的,根据所用教材及对外汉语教师自身的文化修养情况而不同。对外汉语教师队伍人才缺乏,现有的教师队伍素质也是良莠不齐,其中很多人完全没有认识到文化传播问题,大部分人在实践中接触到了,但对这一问题的解释常常被一句简单的"这是中国人的习惯"或"汉语就是这样说的"敷衍了事。很多对外汉语教师认为,自己是中国人,是按照中国文化的行为方式行事的,教的当然也是中国文化,因此,只要照着书本上的内容教就可以了,不会有大的问题。在目前的对外汉语教学界,文化差异最大的两极,东西方文化之间的传播问题很多对外汉语教师意识到了,在教学中给予了足够的重视,因为大部分的对外汉语教材都注意到了这方面的问题,而且,这是生活中最常见的问题,因经常遇到而无法回避。而对东方文化内部,日韩或东南亚以及非洲各国同中国文化之间的差异问题,却很少注意。文化传播是遇到问题就解决问题,传播者的主动性不够,这对目前正在进行的汉语的国际推广活动无疑是不利的。

海外孔子学院的对外汉语教学及文化传播活动亟待发展。在全球化快速发展的今天,文化的多元化已不可避免,孔子学院不能坐失良机。目前,海外孔子学院的建设虽如前所述正飞速发展,但总的来说汉语的国际教学还是大大落后于中国经济的发展及国际地位提升的速度。海外孔子学院的对外汉语教学情况和国内的各大院校中的对外汉语教学有着很大的不同,其主要原因是两者所处的环境不同。海外孔子学院是完全生存在异族文化中的汉文化圈,其中国文化的传播必须时时刻刻考虑到这一特点,传播的内容和形式与国内相比都要做很大的调整。目前,适应这一情况的对外汉语教师数量缺口巨大。其中的相关教学与文化传播实践研究也都刚刚起步。国内已经比较成熟的对外汉语教学理论及实践成果还无法完全应用到孔子学院的教学中去,而孔子学院自身的一切都处在探索实践阶段,各项理论实践研究都亟待发展。

(二)汉语国际教育教学中文化传播分析

尽管从理论上讲,"一种语言中可以表述的内容,在另一种语言中一定也可以找到方式来表述",但文化传播活动受诸多因素影响,媒介不同,语言形式不同,其表述形式必然不同。不同文化模式对文化传播有不同影响,在对文化相关诸因素分类中,知识文化和交际文化是从实践角度的一种分类。

1.不同文化模式对汉语国际教育文化传播效果的影响

在文化传播领域,研究文化模式的途径历来有几种不同的理论,而其中最有价值的、对跨文化传播影响最大的、经常被众多研究者和学者讨论的共有四种,其代表人物分别是:克拉克洪和斯托贝克、霍尔、霍夫斯泰德和庞德。他们分别从不同角度分析了人类文化的模式,不同的文化模式对文化传播有不同的影响。以霍夫斯泰德的价值观导向对人类文化的模式的分类为例,不同的文化模式对汉语国际教育的教学效果存在不同的影响。

在人的本性导向上,可以将文化分为平行的三类:人性本恶,人性本善以及基于两者之间的善恶论,认为人具有可塑性。我们中国孔子的儒学论及佛教哲学都认为人性本善,三字经的开篇便是"人之初,性本善,性相近,习相远";而美国文化继承了清教徒的传统,其文化的定位是建立在原罪的基础上,认为人性本恶,但通过具体的规则,人们可以逐渐改善,最终获救。不了解文化的这种不同,在对外汉语教学中进行文化传播时,势必会遇到讨论双方各行其是,争得面红耳赤也无法得出结论,因为双方的价值观不同。

在人与自然导向上,有人类从属于自然,人与自然"合作"以及人类可以控制自然三种不同文化模式。比如印度的清教徒认为人类从属于自然,大部分东亚人比如中国和日本人认为人类应该同自然合作,而有的美国人基于宗教的基础认为,地球应变为人类自己的领地。不了解这种文化的差异,就无法让留学生理解很多唐诗的"不如归去"的深刻含义。

在时间导向上,也有过去导向、现在导向和未来导向三种。比如中国和法国的文化都相信并重视过去发生的事情。而对大多数美国人来说,他们对未来的看法非常乐观,他们不怕失败,如果第一次失败了,他们会接着尝试、尝试、再尝试,他们相信他们可以控制未来。不了解这种差异,或了解不够,就无法避免关于重视历史或轻视历史的无休止的争论,就无法理解很多年轻的英国或美国留学生对历史的轻率态度。

在行动导向上,有正在发生导向,正在变化导向以及实践导向三种。同样,基于佛教的精神,印度人把内在的或精神的升华看成人生的主要目标之一,属于典型的正在变化导向。而美国人对一天当中的每一件事几乎都要事先做好计划,对实践和行动的重视胜过一切,他们是典型的实践导向型文化模式。不了解这种差异,美国等西方国家的留学生就会对中国人的忍耐、受苦以期将来有个很好的前途的精神感到难以理解,甚至有时认为中国人不够诚实,只说不做。

在社会关系导向上,有权威主义导向,集体主义导向,个人主义导向三种。大部分阿拉伯国家的人们相信有些人生来就是做领导的,所以大部分人都对权威持接受的态度。而中国文化将集体看作最重要的社会单位,集体利益高过个人利益。与此相反,大多数美国人认为人应该拥有同等权利,都应绝对控制自己的命运,此外的一切都与宪法的精神不符,是典型的个人主义导向。不理解这一点,在对外汉语教学中就无法理解为什么组织一次集体活动有时非常不容易,为什么有的留学生平时上课学习非常积极,非常合作,但对集体活动却非常冷淡,态度判若两人。

我们要做好对外汉语教学,要实现在教授语言的同时更好地传播文化,就必须了解这些不同的文化模式。面对文化差异的现实,彻底尊重每种文化,不可有些许轻侮的意向。文化是千差万别的,人类存在着基于出身的事实上的不平等。但文化没有高低贵贱之分,对待每一种文化,我们的态度都应是尊重,而不可有任何以大国自居,看不起其他小国文化的倾向。我们可以不接受,不学习,但要尊重不同的文化。

在对外汉语教学中,我们会遇到不同文化的碰撞的问题。比如,我们汉语中有用"吐舌头"来表示尴尬、自我嘲笑的意思,但在英国文化中则完全不同,他们没有这种行为文化。英语中有"nice try"一词,表示对别人失败之后的鼓励,意思是"不错,至少你尝试了";而中国文化没有类似的表示法,中国人会用由衷的同情来表示自己的理解,至多会说"下次看你的"之类的安慰话。对这些问题,我们都应该怀着极大的兴趣去互相学习,互相理解,而不能根据自身的文化背景去评价和判断其优劣,更不能去嘲笑某种文化习俗。

应立足"共时",着眼于当今世界。立足现在,就要面对当今世界文化"融合"的现实。无论是从课堂教学还是教材编写上,都要注意其适度性。我们谈到文化,谈到对外传播,常常有种误解,就是只有传统的才是地道的,正宗的才是优秀的,越是民族的,越是世界的。语言中的文化因素更是这样。变化是永远存在的,而语言使用哪些语句来表达是约定俗成的。因此,对有些文化的融合,我们需要时间来检验其稳定性。比如,对外汉语教学中留学生最常用的一句打招呼用语"你好!"很多人认为这是西方人的习惯的中国化,不是地道的应该教的汉语,其所代表的交际文化是典型的西方的,不是地道的中国文化,因此不应该教给留学生,至少不应该鼓励他们使用。而问题是,我们地道的中国文化使用的打招呼用语是"吃了吗?""上哪儿去?"而这些传统的打招呼用语即使在我们中国人的日常生活中已经很少使用了,我们又怎能把它们当作地道的纯正的交际文化教给留学生呢?"你好!"已经作为一种交际文化现象融合到我们的日常打招呼文化当中来了,这是一种现实,当然需要时间来检验其稳定性。但事实证明其生命力是顽强的,符合我们改革开放后的日常生活现实,因此我们应该把它作为新的交际文化用语教给留学生。它不是我们民族文化固有的,但我们的文化永远都是在吸收外来的先进文化成果,这没有什么不好意思的,跟爱国、发扬传统文化没有任何冲突。

2.高低语境理论及其影响

高低语境理论是由美国人类学家霍尔首先提出来的。霍尔在这里所用的"语境"一词的意义是指"围绕事件的信息;它与事件的意义紧密相连"。霍尔定义的高低语境是:高语境(High Context)的交流或信息是指大多数信息都已经体现出来了,只有极少数的信息清楚地以编码的方式进行传达。低语境(Low Context)的交流正好相反,即大多数信息都是通过外在的语言方式进行传达。

根据这种文化模式的分类,中国、日本、朝鲜等亚洲国家以及美洲的许多国家,由于其传统和历史的因素,人们大都具有相同的经历,因此他们对于一致的信息会获得一致的外在反应。在日常生活及交流中,不必太依赖语言去获得详细的背景信息就可以了解彼此所要表达的意思。他们常常借助手势、空间的使用以及沉默等非语言方式来表达信息,因此对周围的事物和环境很敏感。比如汉语中有"默契"一词,它所表达的含义以及描写的情境很难在英语中找到对等物。再比如,中国人很少说"我爱你",而是通过眼神、语境等其他方式含蓄地表现出来。而在美国、德国、瑞士等国家中,人口具有较低的同质性,因此交流需要的信息必须通过语言准确地表达出来,就好比给计算机的指令必须准确、清晰,否则,交流就会发生阻碍。而当这两种不同语境的人交流时,高语境的人会嫌低语境的人话语太多,低语境的人会嫌高语境的人说话太含糊,给他们一种不诚实的感觉。

文化传播的理论告诉我们,与个体相关的信息在信息的编码、解码过程中永远不可避免地带有个人的观点,而这些观点都是文化的产物,在文化的交流与传播过程中,个人文化背景的影响是永远无法预测的变量。个体的独特经历加上共有的文化道德经历,是沉淀在一个民族的集体无意识深处的,是一个无法准确用语言描述的存在。具有相似经历即同样历史背景的人群总有对事物有相似的理解力,这一点无须用语言做过多解释。反映到文化中的一个具体表现就是不同文化背景人群对语言的使用情况,以中华文化为代表的东方文化是高语境的,这在与对语言细节要求很高的低语境的西方文化进行交流时,势必会发生冲突。

高低语境理论对对外汉语教学文化传播的影响是多方面的。这里笔者主要谈一下这种理论对我们的语言教学目标提出的挑战。我们的第二语言教学是要教语言,不是行为文化,这就要求我们对第二语言的习得效果有必要再做一个准确定位,即何谓"地道"的汉语?我们是要教会留学生汉语的语法规则、词汇、必要的修辞等,所有这些知识文化以及一些必要的交际文化知识,我们的期望值不能过高。语音、词汇、语法、修辞等方面的习得标准不能太高。

第一,语音方面。只要其声调准确,语调和轻重音问题可通过较长时间的练习来掌握。还有,发音的个体差异永远存在。因此,我们不应期待留学生学会汉语后,其发音都和中国的播音员相似,我们的标准应稍微放低些,能让中国人听懂,就是最基本的。

第二,词汇方面。我们要教会留学生掌握汉语词汇的知识、文化含义,但我们要有所准备,他们不可能完全准确地运用我们常用的句式,因为他们需要运用这些词汇去表达他们生活中的话题,而这些话题的思想基础是他们自己的文化,而不同文化的词汇范围及感情色彩是很不相同的,因此他们对词汇的运用可能会出现我们完全始料不及的情况。比如,汉语的"淘气"一词,相当于英语的"naughty"一词的意义,但它不可以用来描述一个女孩游离于不同男孩之间,与他们打情骂俏的情况,因为西方文化认为这很正常,甚至是自然的,至少是没什么大不了的情况,因此留学生会造出这样的句子:"这个女孩很淘气,她同时跟三个男孩子谈恋爱。"应该说,不论何种文化,都是产生于现实的生活,当然,中国也有类似的情况,但中国的传统文化对此的态度却和西方很不相同,我们对此是持否定态度的,反映到语言中,我们有的就是"轻浮、花心、堕落"等一些否定消极意义的词语。所以,面对文化差异的现实,我们要把握的还是一个"度"的问题。所有语言都有能力来表示相同的事实,但不同语言对同一现实的态度是大不相同的,这里面有一个文化的问题。对留学生,应该允许他们的言语中出现一些反映他们文化特点的句子,而且应该鼓励他们这样做,但要解释清楚汉语、汉文化对此的态度,尽量找出最合适的表示法,而不是一对一的简单翻译。同时,对这种句子的批改是最能考验一个对外汉语教师的跨文化交际能力和水平的,一方面,要鼓励;另一方面,要有能力帮他们找出合适的汉语表达方式。

　　第三,语法方面。毫无疑问,必须让留学生掌握汉语的基本语法,基本的语序必须准确,虚词方面可以允许有一些不可避免的小错误。

　　第四,修辞方面。只有在留学生的汉语水平达到高级以后,才可期望其尝试运用汉语的一些修辞手法,因为一些比喻、象征手法的运用是完全依赖汉文化的。没有文化的底蕴,是不可能强求留学生去运用汉语的修辞方法的,当然,这里也同样存在个体差异。在初级、中级阶段,只要他们能理解汉语的一些修辞手法的特点及其所表达的含义,就足够了。

　　总之,语言只是一种工具,而在学习的整个过程中,我们永远要面对的是学生的再创造。对这些永远无法准确预料的再创造,我们应有一个大概的"度"的标准,不应期望太高。交流是第一目的,因此也是最低标准。第二语言也就是第二个媒体,运用不同语言媒体表达同一思想文化是第二语言习得的目的,因此对其效果的要求也不应离开这一基本目的。高低语境差异的客观存在引导我们在进行对外汉语教学时永远要考虑到词语范围的异同及表达方式的差别,从而对第二语言教学效果做出合理的预期,对对外汉语教学效果和文化传播的局限做出合理的预期。

第二节 汉语国际教育传播媒介和受众的互动关系

一、媒介与受众的互动原理

(一)传播双方的互动

随着媒介技术的不断发展,受众的自主意识不断觉醒和强化,媒介为了自身发展越来越渴望收到来自受众的反馈信息,受众也渴望通过媒介表达自己的观点和意见,媒介和受众的关系已经不能再简单地用"你传我受"的单线模式来概括。施拉姆在奥斯古德观点的基础上提出了传播的双向循环模式,传播双方都作为传播行为的主体,通过信息的授受处于你来我往的相互作用中,强调了人际传播的互动性。后来又在此基础上提出了大众传播模式,将"反馈"引入该模式中。媒介组织是该模式的中心,集编码、译码和释码于一身,可以从受众获得推测性反馈。也就是说,媒介作为连接传播者和受众的中间桥梁,与受众形成传达和反馈的双向互动关系。

媒介和受众的关系是双向互动的,受众在接触媒介时,总是带有自己的目的和意图,总是为了满足自己的某种特定需求,这是"使用与满足"理论的基本观点。受众根据自己的需求对媒介进行处置,选择可接触的媒介,选择想要接收的媒介内容,再根据使用满意程度决定以后的媒介接触行为。受众对于满足自身需求的渴望和通过使用媒介所获得的满足感,促使媒介和受众持续不断地发生互动关系。①

汉语国际教育作为教育传播行为,更需要建立传播者和受众、传播媒介和受众的良好互动关系,以便于传播者及时了解受众的学习情况和媒介使用情况,解答受众的各种疑问,对受众进行传播效果测验等。同时,受众也可以通过与媒介的互动表达自己的评价、意见,检验

---

①崔倩.传播学视域下汉语国际教育传播媒介研究[D].济南:山东大学,2016.

学习成果等。另外,汉语学习不同于其他类型的学习,它需要多听多说多练,如果媒介能够通过其互动性提供给受众听、说、练的机会,势必带来良好的学习效果。因此,汉语国际教育的传播媒介不仅仅要成为受众接收汉语信息、获取汉语知识的渠道,还应该成为受众可以参与其中进行信息反馈、综合评价、交流互动的平台。

(二)受众参与媒介的程度分析

受众在传播过程中并不单单扮演被动接受者的角色,他也有参与传播的权利和可能。但是不同的媒介有不同的特性和规律,它允许受众参与的程度各不相同。受众参与媒介的程度,一方面是指受众进入传播过程的可能性,另一方面是指在其接受传播内容时调动自身想象力的程度。通常,人际传播的口语媒介允许受众参与的程度是最高的,大众传播媒介允许受众参与的程度相对较低,不同大众传播媒介的受众参与程度又各不相同。总的来说,越新兴的大众媒介,允许受众参与的程度越高。传统媒介也正在通过提高受众参与度,增加与受众的互动来黏住和吸引更多的受众,避免在各种新兴媒介席卷信息世界的浪潮中被淘汰。

(三)受众进入传播过程的可能性

汉语国际教育的教材作为一类纸质印刷媒介,在进行传播时允许受众进入传播过程的可能性是较低的,它更近似于一次性单向传播,将汉语言文化教学内容印刷于纸张上装订成册,连同有限的汉语知识和信息呈现终端一起一次性传送给受众,却没有为受众设置及时将信息反馈给传播者的通道,无法实现受众和传播者的即时互动,受众也就无法及时对传播过程施加有效的影响。当然,大多数汉语教材都在扉页或封底为读者提供了出版社的联系方式,读者可以通过写信或打电话的方式联系出版社或图书编辑。但是这种方式的反馈途径过于滞后和不便,读者往往长时间得不到任何答复,甚至一些教材并没有设置完善的读者反馈系统,读者反馈无门。所以从整体上说,汉语教材允许受众进入传播过程的可能性是非常低的。

广播非常适合同步直播,播音员与听众跨越空间的障碍通过电波和收音机实现信息的同步分享,受众可以在节目过程中通过拨打热线电话或发送信息与播音员实现即时沟通,表达自身的想法和意愿。但是由于节目时长的限制,对节目效果的追求等种种原因,并不是所有听众都有机会通过拨打热线电话等方式进行即时的信息反馈。而且,多数汉语教学节目通常采用录制播出的方式,就连最基本的电话连线听众的互动方式也被省略了,受众在收听汉语教学广播的过程中完全处于被动接受的地位,几乎没有进入传播过程改变传播行为的可能性。比如国际台朝鲜语频道的《每日汉语》节目,每期时长10分钟,节目都是提前录制好的,主要包括上期内容复习环节、新内容学习环节、知识扩展环节等内容,没有设置任何与听众的互动环节,听众在收听《每日汉语》节目时,只是纯粹的聆听者,无力也无法进入或影响当下的传播过程。只能在节目结束后,通过电话、写信、留言等方式反馈问题。

电视和广播一样存在类似的问题,直播方式为实现媒介与受众的即时互动提供了可能性,还可以为受众营造"在场感"和"同在感",但大都受限于节目效果和节目时长等因素而不得不采用录制播出的方式,这就导致受众无法参与到节目的播放进程中对传播过程施加影响,只能在电视节目结束后,通过电话、写信、发送信息、网络留言等滞后的方式与传播者进行沟通互动,这些方式显然不能及时满足受众的反馈需求。

互联网是一种真正的双向互动媒介,它可以通过各种方式让受众自主调整传播内容的具体呈现方式和接收方式,让受众可以及时提供反馈、咨询问题、发表评论等。互联网建立在一个共同的传播平台上,这就使得互联网上的信息传播是面向全体受众的,每一个互联网用户都是这个网状结构上地位平等的节点,享有平等的接收信息和发送信息的权利。而且,互联网在诞生之初就是作为一种"双向通信工具"出现的,既可以接收信息也可以发送信息,实现了相互间的通信。也就是说,信息的接收和反馈只通过互联网这一种媒介这一个平台就可以实现,不像教材、广播或电视那样,接收信息使用一种媒介,反馈信息、咨询问题或发表意见还得再通过电话、信件、互联网等其他媒介手段才可以实现。教材、电视广播等传统媒介由于交互不便,收到来自受众的反馈信息很有限也很滞后,所以无法及时对媒介本身或媒介内容做出迎合受众口味的调整,始终显得不那么"亲民"。但是互联网方便快速的交互传播,让受众不再那么"被动",可以主动参与到信息传播活动中来,个体的权利和成就感得到实现,从而大大调动了受众参与传播的积极性,也大大提高了互联网传播的有效性。

国家汉办主办的网络孔子学院作为我国汉语国际教育的主要网络阵地,充分考虑了受众作为传播过程中另一主体的重要地位,充分利用互联网强大的交互性,为受众提供了各种即时反馈的渠道,如果是在线直播课堂,可以在发言区发送文字信息与授课教师进行实时沟通,如果是在线自学课程,则可以在评论区或留言板发送文字信息,会有专门工作人员为受众作答。网站还专门设置了"交流区"供受众进行自由讨论和互动交流。除此以外,网络孔子学院还专门开办了官方微博、微信公众号以及Twitter等社交账号,通过这些社交平台也可以与网络孔子学院进行及时便捷畅通的互动交流和信息反馈。

只有高度的参与性才能使受众产生"自己人"的感觉,"你来我往"的互动交流和相互讨论,才能对受众产生自然而然的约束力,使受众在传播过程中始终集中注意力,确保传播的有效性。而较低的参与性会使受众产生置身事外的感觉,自然也就不能带来较好的学习效果。因此汉语国际教育媒介必须竭力为受众创造进入传播过程的可能性,提高媒介的参与性。

(四)媒介调动受众想象力的程度

媒介传送的是信息符号,受众要理解信息符号的意义就要动用想象力进行想象和还原,也就是所谓的"解码"。这些想象和理解都属于思维层面,不同的媒介所引起的人类思维活动各不相同,也会对汉语学习造成不同的效果。如果我们把学习一门语言当作通过研究语音、词汇、语法、语义等语言要素来了解和掌握语言的运作方式,那么各个语言要素的学习所需要的思维活动的程度也不尽相同。但通常认为媒介调动受众想象力的程度越高,内在的互动越强烈,越有利于汉语的有效传播。

汉语教材主要使用文字符号转述汉语的规则,可读不可闻,可读不可见,只能靠读者充分调动自身的想象力去重现去理解。文字本身就是抽象的,直接作用于思维,读教材的过程就是思维在持续运转的过程,此时人类的思维活动可大致分解为想象、理解和记忆三个步骤,对文字所描述的内容进行想象和还原,对文字所包含的意义进行理解,进而进一步记忆,将这些内容转化为自己的知识。教材虽然在允许受众进入传播过程的能力上较为薄弱,但在调动受众想象力方面却优势明显。

广播是听觉媒介,可听不可见,受众在收听汉语教学广播时,只能透过播音员的声音演绎在脑海中想象和还原广播的内容。汉语教学广播中播音员靠有声语言进行汉语传播,有声语言跟文字符号一样,是有意义指向的,都需要受众用思维和想象在大脑中补充和再造"视觉形象"。比如《每日汉语》第三集的主要内容是"祝你生日快乐",播音员的声音一响起,就调动着受众在脑海中迅速再现出生日宴会的情景,"我们共同祝朋友生日快乐""举起酒杯大喊干杯""朋友们围着生日蛋糕唱生日快乐歌"等。可以说广播就是一种"想象媒介",这也是广播的最大魅力所在,听着播音员绘声绘色的讲述,受众在自己脑海中恣意想象,营造一个异彩纷呈的世界。

电视采用声、画、像等多种传播符号,将现实世界中的事物形象真实直观地呈现在受众面前,受众不需要进行过多的想象,也不需要复杂的思维活动,就立马对事件、事物、人物或场景一览无余。电视的这种直观性固然有其好处,比如重现了各种汉语交际场景,让学习者迅速了解一些词汇或说法适用的语境和场合。但是这种直观性很容易导致学习者止步在自己所看到的内容之前,浅尝辄止,不再思考推敲,做深入的学习和研究。

互联网具有超强的兼容性,几乎可以兼容所有的传统媒介,兼容教材形成电子书籍,兼容广播形成网络广播,兼容电视形成网络视频。受众通过互联网可以自主选择不同的信息呈现方式,可以是纯文字,可以是纯声音,也可以是文声结合,抑或是文声像三体合一,不同的信息呈现方式调动受众想象力的程度不同,因此不能笼统地用单一的标准来评价互联网媒介调动受众想象力的程度。但是,不得不承认互联网在带来海量信息、多元选择、即时互动的同时,使人们的思维越来越趋向于肤浅化。互联网上的汉语学习网站,汉语教学资源网站,汉语学习论坛、博客、微博、社区等琳琅满目、鱼龙混杂,令人眼花缭乱,另外网络上的中文书籍、音乐、电视剧、电影等也都可以成为汉语学习的不错资源。网络汉语学习资源如此丰富甚至泛滥,而受众接收资源的时间和精力却十分有限,这就导致受众在使用互联网接收汉语信息时只能蜻蜓点水,流于表面。而且,网络上充满了各种诱惑,不停地干扰受众的注意力,使受众难以持久思考,严重降低了阅读和学习的深度,这显然不利于汉语学习的深入和提升。

媒介若能充分调动受众的想象力,也表明该媒介具有较高的参与性和互动性。媒介调动想象力的能力越强,越能使受众在媒介接触的过程中始终保持大脑的高速运转。大脑高速运转,思维活动活跃,学习效率必然也会处于较高的水平。因此,我们在选用传播媒介开展汉语国际教育时,必须将媒介调动受众想象力的能力考虑在内,不能仅仅以媒介允许受众进入传播过程的可能性这一项作为衡量媒介参与性高低的标准。

受众参与媒介程度的高低,主要可以通过媒介允许受众进入传播过程的可能性和调动受众想象力的程度来决定,但是我们通过前面的分析可知,这两项指标并不成比例,比如汉语教材允许受众进入传播过程的可能性虽然较低,但是它却可以充分调动受众的想象力,电视允许受众进入传播过程的可能性相对稍高一点,却以真实直观的声画刺激抑制了受众的想象力。对比汉语国际教育中比较常用的汉语教材、汉语教学广播、电视汉语教学、互联网这几种媒介,互联网应该是其中受众参与程度最高的,我们在开展汉语国际教育中要充分利用互联网的高参与性,加强与受众的网络互动。同时,我们也不能忽视教材和广播在调动受众想象力方面的卓越能力,注重通过教材或广播锻炼受众的汉语思维,培养受众深度学习、持续学习的习惯。

二、不同角度分析汉语教育与传播的关系

(一)从受众分析角度看汉语教育与传播的关系

汉语国际教育要以教学对象为本。据学者分析,海外学汉语的人群中,绝大多数是华侨华人,也就是说,"汉语热"中的主流是华侨华人。

从受众对象上来说,海外汉语教育与汉语国际传播有很大的区别:海外汉语教育的主体对象多是海外的华人华侨子弟,是有中华血缘和中国文化背景的外籍华人,绝大多数是青少年和儿童,对中国文化有着天然的认同。如菲律宾侨中学院制订的《菲律宾中、小学(十年制)华语教学大纲》规定"菲律宾华语教学对象主要是以菲语为第一语言的华校中、小学学生",他们的父辈祖辈需要他们学习汉语,其目的是不要忘记自己的血脉,更多地去传承中国悠久的传统文化,发扬中国文明,加强与中国情感上的联系。从根本上来说,他们还是属于华人圈,他们在学习前大多有着华语的语言背景,他们听说能力较强,读

写能力较弱。同时，他们学习汉语是家长"要我学"的结果，因此学习不是那么的具有主动性。

"青少年对学习华语并不很在意""他们多是因父母的意愿而上华校，华校规定必须学华语，差不多可以说是被迫学华语的，没有动力，华语学得好不好对今后的升学、就业又都无影响。"但汉语学校中却极少是严格意义上的"零起点"者，学生们在入校之前就已能听、讲一点汉语，甚至能写几个汉字，语用方面发生失误的情况也相对较少。他们往往既能保持所在国主流文化的价值取向和处世原则，同时又能对中国人的文化观念与思维方式、文化行为等泰然处之，许多非华裔感到不解的事情他们已习焉不察。

而汉语国际传播的主体更多的是非华裔的外籍人士，他们往往从零起点开始，他们学习汉语的动机和目的各不相同，但都是"我要学"，是为了更好地了解中国，希望用汉语这个工具达到与中国人交流沟通的目的，避免因内在文化（观念）的差异而导致交际障碍，同时发展国家间的贸易往来。促使他们学习汉语更直接的原因是他们认识到了汉语巨大的、直接的或潜在的交际/实用价值和商业价值。汉语国际传播的对象多是成年人，他们积极主动地学习汉语，凸显的是汉语的工具性。他们没有汉语的语言背景，也对中国文化的内在文化——观念文化不可能有完全的认同。

在海外华人集中的东南亚地区，华人对民族的认同感较强，这对非华裔会产生积极的影响，因此在华人社会开展汉语教育具有天然的优势。同时，汉语国际传播的势头也会改变汉语教育的单一对象，很多汉语学校也开始招收非华裔的学习者。

（二）从媒介分析角度看汉语教育与传播的关系

从传播学角度来看，传播媒介一般是指传递信息的工具或手段，如网络、电话、报纸、广播、电视等。在语言教育中，我们更推崇双向性较强的传播媒介，比如电话、网络通信等。报纸、电视、广播等媒介的双向性则相对较弱,而且表现不明显,多数时候面对双向性较弱的传播媒介时,学习者虽然可以有一定程度的选择性,但由于不需要语言反馈,所以学习者实际上多倾向于被动接受。但即使这样,华人社会中的汉语报刊、华语广播、华语电视等为汉语教育提供了很好的传播媒介;华人社会中的电话往来、华语网络也成为汉语教育很好的双向传播媒介。以上媒介在汉语国际传播中也可以发挥作用,但受限于各种条件,其作用还不能最大限度地得到发挥。

教育方式可以认为是抽象而广义的传播媒介。从教育方式的构成角度来说,汉语教育有着自己独特的多样化构成体系。从内部构成上讲,除了汉语学校教育,还包括海外华人的家庭教育和社会教育。从地域构成上讲,除了海外华人自办的汉语教育。还包括中国面向海外华人开展的汉语教育,这些共同构成了完整的汉语教育体系。教育以知识传授和人才培养为基本内容和目标。在汉语教育体系中,各组成部分不仅承担着各有侧重的知识传授内容,而且彼此相互联系、共同关照人才成长的全过程,如家庭教育中的伦理道德教育、学校教育中的知识文化教育、社会教育中的综合实践教育以及中国面向海外华人开展的汉语教育中的亲身体验教育等,既各具特色,又融为一体。汉语教育拓展的教育方式,可以为汉语国际传播提供借鉴。

(三)从内容分析角度看汉语教育与传播的关系

汉语教育是指为了传播汉语文化、提高华人华侨及华裔的汉语应用水平和技能而组织的各种形式的汉语活动,核心内容是汉语的学习、华夏文化的传承、华人社会认同感的提升等,包括活动的组织与策划、相关社会服务系统的支持与配合、资源的开发与利用等各个方面,形式上丰富多彩,既包括教学、体验生活等互动的方式,也包括参观展览等宣传方式。

在传播的内容结构方面,汉语教材非常重视中国文化的内容,生动活泼,配有很多音像资料和图片来辅助教学,在提高学习者的学习兴趣方面发挥了很大作用。而且汉语学校注重学生的文化体验,在华的华裔学生大多可以通过参加游教、文化旅游等体验活动感受中国文化。各级侨办、侨联及其他涉侨单位和部门皆与汉语教育有关系,并由此辐射开去,吸引更多社会机构如大中小学、文化艺术单位、旅游观光单位等长期、固定地参与,从而为汉语教育的发展开辟了更为广阔的空间。

汉语教育丰富的传播内容可以避免编写教材时语言的堆砌以及趣味性、文化内涵的缺失。留学生来到中国,如果接触到的是没有趣味、没有文化吸引力的汉语教材,所有学习内容全都是枯燥的语言结构和发音规则,那么势必会影响学习效果。如果有机会旅游,但只是走马观花地参观的话,也没有机会真正融入到中国文化的氛围之中。毫无疑问,作为汉语国际传播的重要组成部分,汉语教育可以丰富汉语国际传播的语言素材及文化知识,在文化传播方面发挥极其重要的作用。

三、建立汉语国际教育传播媒介与受众的良好互动

(一)增强互动意识,重视受众的互动需求

建立汉语国际教育媒介与受众的良好互动,首先,要增强媒介工作者们的互动意识。互动是实现媒介和受众"双赢"的有效途径,媒介在与受众互动的过程中,了解受众对媒介本身及媒介内容的评价和意见,及时改进传播行为,吸引更多受众使用该媒介,促进有效传播;受众在与媒介的互动中,获取更多资讯,解答疑惑,发表自己的意见、想法或观点,展示自己的才能和特长,实现自身价值。因此,汉语国际教育工作者必须增强互动意识,积极探寻促进媒介与受众互动的途径。其次,要重视受众作为传播活动的另一主体的重要性,关注受众的互动需求。受众接触媒介通常是为了满足自身的两种需求,一是获取信息的需求,另一个就是表达的需求。作为主体之一,受众有表达意见、观点和将自己拥有的或周围的信息及时传播出去的愿望,媒介是否能

赢得受众,黏住受众,一定程度上取决于这种媒介是否足够了解受众,是否能够满足受众的各种需求。因此,汉语国际教育工作者必须充分认识到受众的重要性,竭力满足受众的需求。

(二)探索全媒体互动模式,拓宽互动渠道

互联网技术和数字技术的发展带我们进入了媒介融合的时代,不同形式的媒介呈现出相互融合,优势互补的趋势。于是综合运用各种表现形式,如图、文、声、光、电,全方位立体地展示传播内容,同时通过文字、声像、网络、通信等传播手段进行传输的一种新的传播形态——"全媒体"应运而生。全媒体以全媒体渠道,实现传播内容的多渠道、多平台发布,覆盖更广泛的人群,满足不同受众的阅读和收视习惯,极大地促进了传播的有效进行。

如果将"全媒体"形式运用在汉语国际教育媒介与受众的互动模式构建中,必将能够实现媒介与受众图、文、声、像多种形式,网络、电视、广播、纸媒、手机等多渠道的交流与互动。因此,汉语国际教育工作者们要顺应媒介融合的大趋势,整合各种媒介手段,探索全媒体互动模式,为受众打造诸如网络平台、手机互动、电视真人秀等多种互动渠道,让受众在活跃的媒介互动中提升汉语水平。

(三)汉语传播的受众属性

汉语之所以能够在国际顺利传播,除了有赖于我国全力的推动之外,更重要的是取决于各国政府对于汉语教学的态度;从传播学的角度来看,也就是受播者接受信息的意愿。如果受播者的接受意愿不高或是心中已有定见,传播效果是无法彰显的。

根据厦门大学人文学院特聘教授李无未研究,汉语国际传播由来已久,受众属性多与宗教与文化有关,肇始于汉代,大兴于唐代的观点大体上可以得到肯定。东汉时伴随着佛教的传入,西域的高僧学习汉语口语语言,可以说是较早接受对外汉语教学的典型范例。公元7世纪到9世纪前后,日本派出了大量的遣隋使、遣唐僧、遣唐使到中国如饥似渴地学习隋唐朝代先进的科学、文化以及政治制度,他们首先遇到的问题就是语言关。他们学习汉语的过程,实际上,就是当时中国对外汉语教学的进行过程。以后中国的历朝历代都有对外汉语教学的实证,比如明代意大利人利玛窦最初在广东,后来在南京、北京学汉语,为便于学汉语,创制系统的拉丁字母汉语拼音方案,叫作《西字奇迹》。英国人威妥玛,自1841年跟随英军到中国后,曾在中国生活长达43年之久,从事英国对华外交、中文教学以及汉学研究工作。在华期间,他编写汉语课本《寻津录》《语言自迩集》,创造了以拉丁字母拼写与拼读汉字的方法,被称为"威妥玛式拼音法"。

2000年,徐子亮等人用调查的方法探究出留学生汉语学习的动机可分为:工具、升学、研究、深造、不明确等5类。而王志刚等人于2004年在北京、上海和广州选取四所汉语作为外语/二语教学工作开展得较好大学:北京语言大学、北京外国语大学、上海交通大学国际教育学院和暨南大学华文学院。从这些学校挑选来华进修汉语至少半年至三年的留学生和他们的教师进行调查。共计669名受访者接受问卷调查,旨在了解和分析他们的汉语学习目的。调查结果显示,留学生学习汉语的目的包括5类:了解中国、便于工作、接受更多教育、融入中国文化和便于在中国旅游。另外,针对美国大学生汉语学习目的调查结果分为以下三种。

1.兴趣型

受访者的回答多为对汉语或者中国文化感兴趣,如向往去中国旅游等。根据顾百里对世界上语言按照美国外交官应达到的职业要求水平所需要的强化训练时间分类得知,学汉语要用4倍于学法语、德语、西班牙语的时间才能达到相同的水平。很多外国人学习汉语是出于真正的兴趣所致。

2.工具型

受访者的答案涉及希望跟中国的商人打交道,还有些受访者的答案与人际语言交流有关,希望能使用汉语与中国人进行无碍的交流。这与很多学习外语人的目的相同,即学习就是为了能更好地说和听。

3.学分型

鉴于中国经济日益强大,许多学校要求学生在毕业前必须选修汉语作为第二语言的课程,或者辅修汉语课程。

据这些调查报告可以归纳出,留学生学习汉语的动机主要有两类:一是工具型动机,其学习目的是希望利用汉语来获取某种物质利益,如获得更好的工作、职位、在职场更容易升迁等;二是融合型动机,其学习目的是希望利用汉语来获取某种个人兴趣或满足求知欲望,如期望满足自己对中国文化、中国艺术或中国社会的兴趣等。这也正符合加拿大学者加德纳和兰伯特提出的:第二语言的学习动机基本上可以分为融入型动机与工具型动机两种社会心理学理论。

人们会为了兴趣去学习一种外语,但更多的是为了某种实际的利益。汉语学习也是如此,必须具有很强的功利性。汉语学习除了要像购买商品一样,花费大笔金钱之外,还需要付出许多时间与精力。只有在学习汉语收益明显大于学习成本的条件下,才会有更多的人学习这种语言。换言之,要使更多的受众愿意学习汉语,就需要将汉语的学习成本和学习收益之间的比例保持在可以接受的范围内。因此,我们一方面需要加强汉语在对华贸易中的重要性,以提高受众的学习收益;另一方面需要借由创新的教学理念与模式降低汉语的学习难度,以减少受众的学习成本。

如今,中国是世界上最大的工厂,同时也是世界上最大的消费市场,因此透过法令增加汉语及汉字的使用概率及普遍性,难度其实不算高,而每增加一个汉语的运用需求,就同时增加了汉语的就业需求,就有可能吸引更多的受众成为汉语的学习者。

第三节 跨文化视域下汉语国际教育传播媒介的传播方式

一、纸质教材媒介的传播方式分析

目前,我国汉语国际教育教材虽然仍然在内容、编排、趣味性方面存在不足,但是经过几十年教材编写的研究和实践,着实取得了不小的成就,形成了覆盖多语种、面对多年龄段、针对多样需求的庞大教材体系,成为汉语国际教育中颇受倚重、不可或缺的传播媒介。大多数汉语学习者在学习汉语时会选择至少一套教材作为接收汉语这一信息的媒介工具。①

为什么在各种新媒介层出不穷的当下,纸质教材这一传统媒介仍然能够得到广大受众的偏爱,长盛不衰呢?教材现在又面临哪些困境?这些困境是如何造成的?

笔者认为这些问题都可以通过对纸质教材媒介特有的传播方式的分析找到答案。纸质教材通过印刷技术将文字和图片印在纸张上,装订成册,并通过大量印刷出版销售,以书面方式将信息呈现在受众面前。很显然,纸质教材是以纸张为载体,以文字和图片为传播符号的,这决定了纸质教材媒介在传播过程中体现出视觉传播、平面传播和延时传播等特性,下面主要就纸质教材的平面传播和延时传播的特点展开分析。

(一)平面传播的特点分析

1.自主选择性

纸张是平面的,文字和图片符号被按照一定的排版印刷在这有限的页面上,直接呈现在读者面前。人类的视觉在一定平面空间范围内具有很强的选择性,读者在阅读教材时可以根据自身的需求和喜好自

---

①谢叔咏.传播学视域下汉语国际教育受众分析[D].济南:山东大学,2016.

由地选择阅读的内容，也可以自主决定阅读的方式，或者仔细阅读、反复咀嚼，或者一扫而过、蜻蜓点水，又或者直接跳读。也就是说，纸质教材这种平面的传播方式为受众提供了足够的自主选择权利，使受众可以自由控制接收信息的方式，产生主宰者的感觉。这一点教材明显优越于电视和广播，人们在听广播或看电视时不可以跳过不喜欢的内容，也不可以颠倒顺序，只能顺着广播或电视节目的播放顺序获取信息。

纸质教材媒介的自主选择性对于自学汉语的学习者来说具有明显的优势，尤其是有明确学习目的的汉语自学者。他们在使用教材媒介时可以有目的性地选择自己需要的或感兴趣的内容学习，可以自行制订学习的顺序和时间，可以自主决定哪些内容多下功夫反复学习，哪些内容简单了解一下即可，哪些内容可以直接忽略。然而，自主选择性强从另一层意义上来解读就是克服弃取的力量弱。克服弃取的力量是由施拉姆提出来的，是指传播媒介克服受众放弃接收某种传播内容的力量。

过强的自主选择性使得受众可以随意躲过自己不愿意接收的传播信息，从而大大降低纸质教材媒介传播的有效性。这点教材远远比不上广播媒介，广播只要被打开，声音符号就会源源不断地飘进受众的耳朵里，无论是想听的内容还是不想听的内容。而纸质教材所采用的文字符号却不会自动跑进受众的眼睛里，只能等待受众主动将目光投注在它身上。

对于汉语教材来说，克服弃取的力量弱是它比较致命的弱点，因为教材不同于报纸，它不是人们茶余饭后用来打发时间的读物，随意翻翻看看。只关注自己感兴趣的内容阅读并不能习得一门语言，它需要人们集中注意力去理解、思考和记忆。而且汉语国际教育的教材通常是由汉语国际教育专家们凭借深厚的汉语功底和多年的教材编写经验，经过精心的编排和设计才诞生的。所以，教材中课程的排列顺序、每一个话题的选择、每一道练习题的设计都是经过编者深思熟虑的，是符合语言学习规律的。理论上讲，按照教材的编排顺序按部就班地学习更容易系统、全面地掌握汉语。如果一味按照个人喜好决定学习的顺序和内容，则很容易导致学习者在学习过程中遇到重重困难，打击学习信心，或者学习到的汉语是不系统的、不全面的。尤其对于意志力不坚定、自制力较差的汉语自学者来说，纸质教材自主选择性强的优点反而会沦为其最大的软肋，因为教材中的难点和相对枯燥的话题会成为他们首先放弃接收的信息。如此绕过难点，知难而退，必然导致学习者学习效率低下，难有进展。

纸质教材自主选择性强，克服弃取力量弱的特性在学习者自学汉语的过程中体现得很明显，但若是在课堂教学环境中则会在一定程度上被掩盖，因为教师作为整个传播过程的传播者和教学活动的把控者，对学习者形成一种约束力，限制了学习者在使用教材时的自主选择性，间接增强了教材媒介克服弃取的力量。

2. 有限性和系统性

纸质教材媒介的平面传播方式决定了媒介内容的有限性，因为纸质教材将传播符号印刷在纸张上，使信息和接收终端实现一体化，而纸张上的空间是有限的，可以容纳的信息量也是有限的，也就是说每本教材中所包含的汉语知识是有限的。比如《汉语教程第二册（上）》整本书总共有十课，生词381个，课文20篇，注释31个，语法点23个，相较于浩瀚无边、庞大繁杂的汉语世界，这册书中包含的汉语知识十分有限。但正是由于这种有限性使学习者一次性面对的是有限的知识量，不至于承担过重的学习压力，而且每学完一册书都会产生一定的成就感，为进行下一阶段的学习培养信心。

平面传播还带来了另一个优势，即系统性。语言本身就是一门结构复杂的学问，随着社会的发展还会不断发展变化。面对复杂多变、与自己的母语迥然不同的外国语言，很多人都会望而却步、无从下手。

然而,教材将看似复杂的语言知识由易到难、由低级到高级、分门别类地进行了梳理,使繁杂琐碎的知识点系统性、体系化地呈现在读者面前,消解学习者面对无法触碰的语言时产生的焦虑感。比如北京语言大学出版社的《汉语教程》系列教材,共有三册,每册又分上下两册,以语音、语法、词语、汉字等语言要素为基础,由易到难、层层递进,逐步提高学习者听、说、读、写等语言技能,培养学习者用汉语进行社会交际的能力。使用这一系列教材进行系统化汉语学习,有助于学习者系统、全面地接收汉语信息,逐步提高汉语水平。

纸质教材的有限性和系统性使人们对教材产生了一种认知,即教材是在有限的平面范围内系统、全面、科学地承载和传递某种知识的媒介。汉语教材将烦琐复杂的汉语知识按照一定的规则编排印刷在有形的纸张上,手捧汉语教材就仿佛将所有汉语知识都捧在了手心里,使学习者有所依托,有的放矢。而且教材媒介所传递的信息与媒介本身是一体的,可以长期保留,随时拿出来阅读,不会像口语媒介那样转瞬即逝,给人以踏实、安全的感觉,这也是语言学习者往往会选择使用教材来进行学习的重要原因之一。

但是,纸质教材的有限性和系统性也存在许多弊端。首先,教材的平面空间十分有限,每本教材只能传播有限的知识信息,学习者需要不断购买新的教材才能接收到新的知识。若要扩大教材的容量就只能通过缩小字体或增加页数等方法,但带来的后果往往是直接损害受众的媒介使用体验。其次,系统性并不等于包罗万象,教材不可能将人们日常所用的千千万万的言语都包罗在内。因此,教材并不能成为学习者接触汉语的唯一媒介。然而,人们对纸质教材的固有认知,使许多人过分依赖教材,过度信奉教材,认为只要学好教材内容就万事大吉,就精通了汉语,而忽略了通过其他媒介接触汉语,这显然是不可取的。

(二)延时传播的特点分析

延时传播是指信息的传递与接收不同步进行,信息接收滞后于信息传递。纸质教材是经过编辑、校对、印刷、出版、销售等多道工序后才到达受众手中的,这一复杂的过程导致信息的发出和接收存在明显的时间差,学习者在整个以纸质教材为媒介的汉语传播过程中总是处于落后的位置,这种落后既包括使用媒介接收信息行为的落后,也包括接收到的信息的滞后性。纸质媒介的这种延时传播的方式使汉语教材体现出两个明显的特性,一是阅读时间上的自由性,二是教材内容的滞后性。

1. 时间自由性

纸质媒介的延时传播方式,使得传播者发出信息的行为和受众接收信息的行为不需要同步进行,这便为受众在使用媒介的时间上提供了充分的自由性,受众可以根据自己的情况,自主选择使用媒介的时间。自学汉语的学习者只要有汉语教材就可以随时拿出来阅读,不用被动地配合别人的时间。通过前文的分析,我们知道平面传播的方式使纸质教材在阅读内容和阅读速度上具备了很强的自主选择性,而延时传播的方式进一步使纸质教材在阅读时间上也同样具备了相当强的选择性。

延时传播对信息的接收没有严格的时间要求,学习者购买汉语教材后,既可以立即阅读,也可以以后再阅读,主导权完全掌握在受众手中。这是延时传播优于同步传播的一点,同步传播要求信息的传递与接收必须同时进行,对受众的接收时间提出了苛刻的要求。比如通过课堂教学而进行的汉语传播活动就是明显的同步传播,教师和学习者必须同一时间在同一场所内展开传播行为,否则传播便无从谈起。同步传播在时间上的苛刻,给人一种被动、无法掌控、缺乏灵活性的感觉,成为很多学习者不得不放弃使用这一类媒介的主要原因。而延时传播打破时间上的局限,将时间的主导权交给受众,使汉语学习者可以在自己方便的时间学习,不用担心错过任何信息。

延时传播方式和平面传播方式使纸质教材媒介成为一种极具可控性的媒介,具体表现为内容的可控性、速度的可控性以及时间的可控性。学习者使用纸质教材自学汉语时,可以自主选择学习的内容,控制学习的速度,决定什么时间学习。这种可控性,给受众提供了发挥能动性的空间,使人产生主宰者的感觉,学习时更安心更踏实。

2. 内容滞后性

纸质教材媒介复杂的制作流程和发行方式使它在传播过程中呈现出延时的特点,延时传播必然导致教材在时效性上没有任何优势。人们通过纸质教材接收到的信息往往都是滞后的、过时的,甚至有些内容是与当下社会严重脱节的。并且,目前市场上在售的汉语教材中有很多是多年前编写出版的,而且从来不曾修订更新,不可避免地导致教材内容滞后陈旧,严重落后于时代的发展。

世界上没有固定不变的事物,语言也是这样,它无时无刻不在变化。其中词汇的变化是最活跃的,因为社会生活中新事物的产生、旧事物的消亡、人们观念的改变或者单纯为求新鲜而换个说法等,都会首先在词汇上有所体现,而我们却时常能在一些汉语教材中看到年代感厚重的词汇,比如"寻呼台""面的"等。另一方面,社会在发展,时代在进步,人们日常生活和工作的面貌、人们关注的事物、热衷的话题等都在发生着变化,而延时性使得教材中话题的选择往往无法适时反映这些变化。此外,人们在教学方法、教材编写等领域不断有新的突破,更科学的教材编写理论和方法不断涌现,而这些突破和新方法因为教材媒介的延时性和滞后性总是不能被及时应用到教材的编写出版中。

教材老化、内容陈旧一直以来都是制约汉语国际教育事业进一步发展的瓶颈问题。透过对纸质教材传播方式的分析,我们发现了这一难题一直得不到有效解决的主要原因,这很大程度上是由纸质教材媒介的延时传播导致的。而延时传播又是由纸质教材媒介固有的物理属性和制作流程决定的。纸质教材媒介的内容滞后带有一定的必然性，是难以避免的，但并非不可补救，随着媒介技术的不断进步，这些问题终究会得到解决。

（三）合理开发利用纸质教材媒介

平面传播和延时传播让纸质教材媒介具备了区别于其他媒介的个性特征。首先，是选择性，表现为阅读内容的可选性，阅读速度的可控性，阅读时间的自由性；其次，是有限性和系统性，表现为教材内容的系统性、体系化和有限性。这些特性使得纸质教材至今仍然在各种汉语国际教育媒介中占据重要的位置，得到大批受众的欢迎。

但是，平面传播和延时传播也为纸质教材媒介带来了诸多问题。笔者尝试针对这些问题寻找一些解决途径。

1. 加快与教材配套的多媒体辅助资源以及多媒体教材的开发

纸质教材所凭借的传播符号主要是文字和图片等视觉符号，难免给人以单调枯燥的感觉，而且汉语教学需要培养学习者听、说、读、写等各方面的综合语言技能，仅靠这些视觉符号显然不能实现这些目标。因此，我国在编写对外汉语教材之初就十分重视制作配套音像资料，以弥补视觉符号的单一性，从最早的配套磁带到后来的DVD/VCD光盘，都是我国在增加纸质教材使用价值上所做的努力。虽然同时刺激多种感官并不能增加信息的传送量，但在一定程度上可以增强信息的影响力，加深受众对该信息的印象。所以，教材的文字和图片配合音频、视频共同作用给受众，必定可以在一定程度上加强传播效果。

但是无论是早期的磁带还是后来的光盘，一般都只是收录了课文和词汇的录音而已，还是比较单一，而且随着科技的发展，磁带和光盘已逐渐被层出不穷的新媒体所代替，退出了现代人的生活，教材急需寻求新的途径、新的方式，来增加其趣味性和使用价值。

我国汉语国际教育工作者们显然早已意识到了这一问题，并开始积极探索教材发展的新方向。近几年出版的一些教材越来越注重纸质教材同其他各种媒介的结合,比如《家有儿女》视听说教材,以情景喜剧《家有儿女》为素材,为学习者展现更加生活化、地道真实的汉语。另外,汉办新编教材《中国好人》,将电影媒介与汉语教学结合在一起,可以有效提高汉语学习的时效性和趣味性。

与网络相结合的多媒体教材也已进入摸索和研发阶段,并取得了一定的成果,比如汉办推出的"长城汉语"多媒体教材就是基于网络多媒体开发的新型教材,该教材运用文字、动画、声音等多媒体手段,将学习者融入各种交际场景中,在边看、边听、边说的过程中掌握实际运用汉语的能力。而且还可以即时跟踪学习者的学习进度,测试学习效果,向学习者提供个性化的学习方案,满足海内外汉语学习者任何时间、任何地点、任何水平的学习需求,克服了传统纸质教材的诸多弊端。

笔者认为将来教材的发展,一方面要更加注重声音、动画、电视、电影等各种多媒体辅助资源的制作和开发,积极寻找诸如利用存储盘替代磁带和DVD,利用二维码链接网络资源等扩展教材传播能力的办法;另一方面要积极推进多媒体教材的开发,随着科技的发展、媒介的变迁,人们的学习方式不断变化,基于互联网的多媒体教材越来越成为人们学习时更倾向于使用的媒介。

2.继续深化汉语本体研究和对外汉语教学研究,寻找更简易的汉语教学法

纸质教材的有限性使得一本教材可以承载的汉语知识十分有限,要想详尽、仔细,从易到难地将汉语知识讲解清楚,就不得不一本接一本地编写教材,这导致几乎每套汉语教材都是一个庞大厚重的体系。纸张的有限性是它的本质属性无法改变,但是可以让教材中的汉语知识更加精简、更加重点突出,占用更少的纸张空间。要做到这一点,必须继续深化汉语本体研究和对外汉语教学研究。

汉语国际教育的教材是依仗汉语本体研究和对外汉语教学研究

的研究成果编纂的,如果汉语本体研究和对外汉语教学研究不够深入,汉语国际教育的教材就会繁杂混乱、问题百出。只有将汉语本体研究得深入透彻,才能对汉语知识和汉语规则做更精简、更准确的描述,只有持续深入地进行对外汉语教学的研究,才能探寻到更科学高效的汉语教学法。在此基础上,才能进一步编写出既精简明了又符合汉语学习规律的教材。

简言之,只有继续深化汉语本体研究和对外汉语教学研究,探寻更简易精准的汉语教学法,才能使纸质教材在有限的空间内承载更多的使用价值、更高的汉语信息。

3.及时修订更新,不断编写和推出新教材,积极探索教材出版新途径

纸质教材的延时传播方式使得教材内容总是滞后于社会的发展,这是纸质印刷媒介的物理属性决定的,很难从根本上解决,但可以后期弥补。对已出版发行的教材不能放置不管,而要及时修订更新,将教材中过时的、错误的内容删除或改正,将不合理不科学的编排做及时地修正和调整。除此之外,还要及时淘汰使用多年的过时陈旧教材,积极组织人员编写更科学更合理,更符合各国学习者使用的新教材,使汉语教材系统可以持续更新换代。

另外,传统纸质教材复杂的流程和出版发行方式,费时费力费资源,而电子图书为汉语教材的出版提示了新的方向。我们应该积极探索更加经济、高效、绿色的教材出版途径。

二、汉语教学广播的传播方式分析

广播以其辐射范围广、不受时间空间限制等优势,成为各国向世界推广本国语言的重要媒介手段,我国也同样重视广播媒介强大的传播能力,在中国国际广播电台外语频道推出多语种汉语教学节目。依托国际台的媒体优势和资源,汉语国际教育的广播平台逐步搭建并趋向完善,成为汉语国际推广的重要推动力,将中国的声音传递给世界

各地每一位汉语爱好者。

汉语教学广播通过无线电波传递声音符号,受众使用收音机接收无线电波并将其还原为声音。广播采用的传播符号是听觉符号——声音,传播载体是电波和收音机,这决定了汉语教学广播的传播方式是听觉传播、线性传播和同步传播,下面主要对广播的听觉传播和线性传播的特点进行分析。

(一)听觉传播的特点分析

1.听觉符号

广播采用声音符号,诉诸受众的听觉器官,是唯一不占用视觉的媒介,听众只需要一双耳朵就可源源不断地接收信息。这使广播成为一种非常健康的媒介,如果使用纸质教材媒介或汉语教学电视学习汉语,学习者必须长时间用眼盯着教材或电视屏幕,必然导致眼睛酸痛,视力下降。听广播不需要用眼,解放了视觉,保护了视力。另外,收听广播不会对人的活动有太多的限制,人不必像看书、看电视一样长时间以固定的姿势待在同一个位置,边活动边听广播,反而有利于身体健康。

广播采用的声音符号相对于文字图片符号,是一种表现力和感染力非常强的传播符号,如果说文字是静止的,那么声音则是流动的、鲜活生动的,播音员可以用声音为听众营造各种"收听场",使听众产生"在场"的感觉。比如中国国际广播电台朝鲜语频道的《每日汉语》节目,有两位播音员负责播音,女播音员是中国人,饰演教师的角色,男播音员是韩国人,饰演学生的角色,两人在节目中一教一学,营造了课堂教学的场景,使收听者很容易产生身临其境的感觉,跟随男播音员一起向女播音员老师学习说汉语,这种同步学习使得听众产生同在感和陪伴感,可以有效调动学习者的积极性和参与性。

"听"是语言学习中非常重要的一环,首先要听到,才可能去模仿,只有听懂了,才可能去回应。汉语教学广播不断地为听众传送汉语符号,使受众越来越熟悉汉语的发音和语调,听力水平不断提高。并且,广播节目的播音员都是经过严格训练和层层选拔的,其普通话水平是有保障的,标准的发音、自然的语调语气,为受众提供了最好的范本,使受众学到最正宗最地道的汉语。

但是,只通过听觉符号传递信息,让广播媒介缺乏视觉上的直观性。听众只能通过声音去想象还原信息的内容,难免会出现偏差或误解,这对于汉语学习来说是非常不利的。例如学习发音时,发音部位、舌位、唇形等是影响发音的重要因素,摆错唇形、放错舌位都会导致发音错误。在面对面的课堂环境中,学习者可以直接观察教师发音时的唇形、舌位,通过不断模仿练习,掌握正确发音。但收听广播时,听众看不到播音员,只能在听到播音员的发音后自己揣摩推测该语音的发音部位和发音方法,这时候学习者通常摆脱不了母语负迁移的影响,以母语中的发音习惯来发汉语音,这显然不利于学习者学到标准正宗的汉语发音。

另外,通过广播基本无法进行汉字教学。这不同于英语,英语即使通过单纯依靠声音符号传递信息的广播也可以很好地开展书写教学。因为所有英语单词都是以26个字母为基础的不同拼写和组合,只要学会26个字母的写法,就可以在听到播音员拼读"c-h-i-n-e-s-e"时,正确地写出英语单词"Chinese"。而汉字是由图画发展而来的,结构复杂、部件多、笔画多,很难单纯通过语言来解释汉字的写法,必须通过视觉符号向学习者展示每个汉字的模样和写法,才能顺利地开展汉字教学。这是身为听觉媒介的广播所不能做到的。

2.弥漫性

广播使用声音符号传递信息,而声音在空气中传播时呈现出弥漫性的特点,即声音会以声源为中心,向四周弥漫扩散,声音的声响越大弥漫的范围越广,而位于该范围内的所有人只要听力正常都会听到该声音,无论是想听的声音还是不想听的声音。因此,声音的这种弥漫性使得广播具有了一定的强制接收性,广播播放时,在一定范围内的人们都将接收到广播的内容,除非捂上耳朵。广播具有较强的克服弃取的力量,只要受众进入广播覆盖的领域,就失去了放弃接收广播信息的权利。但是信息接收上的强制性,很容易引起受众的反感,从而减少对广播媒介的使用。

声音的弥漫性在扩大信息辐射范围的同时,也扩大了使用广播接收信息的受众自由活动的范围,受众可以边听广播,边自由活动,不必像看电视或看书时一样,一直坐在电视机前或书桌前。但是却在一定程度上增加了受众被其他事物吸引而放弃收听广播的可能性,广播在集中受众的注意力方面力量不够强大。

(二)线性传播的特点分析

1.单向性和无间断性

线性传播就是按照一个方向进行不间断的信息传播,突出的特点是方向确定性和无间断性。广播的信息传递和接收都是按照时间的线性顺序进行的,具有单向性和不可逆转性,比如受众在收听《每日汉语》的时候,只能按照节目的播出进程顺序收听,既不能返回重听,也不能快速收听或跳过收听,只能沿着时间这条线洗耳恭听。这就容易导致受众没有听懂的内容、没有掌握的知识得不到及时的强化,如此反复的话,听不懂的一直听不懂,听得懂的却在一次又一次得到强化,永远得不到发展和进步。此外,无法预知后面的内容使得受众不得不一直守着收音机听完广播的全部内容,然而,如果后面的内容是受众已经学习过的知识或受众根本不需要的知识,那无疑是浪费了受众宝贵的时间。

广播节目在播出的时间段内是无间断播放的,不能暂停,它要求受众必须自节目开始至节目结束一直处在广播所能辐射的范围内,不得中途离开,否则就会错过部分信息的接收。使用纸质教材时突然有急事需要离开,回来后可以接着之前学习的内容继续学习,但是收听广播时突然有急事需要离开,回来后也许广播节目已经结束了。单向不可逆转性和无间断性,再加上同步传播的方式,使广播媒介成为彻头彻尾的时间媒介,对时间有着近乎苛刻的要求。受众一旦选择使用广播来接收汉语知识,就丧失了学习时间和学习内容上的选择权,一切听从广播节目制作者的安排。因此,广播媒介给人以被动、无法掌控的感觉。

2. 不可保存性

纸质教材媒介是将文字符号印刷在纸张上的,信息和接收终端成一体,信息被完整永久地保留在纸张上,无论过了多久,翻开教材都可以查阅到信息。但是广播媒介传递的信息和接收终端是分离的,收音机只负责接收电波并将电波还原成声音,却不能保留和保存声音。收音机里的声音在发出的那一刻便随即消逝了。这一点使得广播媒介显得不那么适合用来语言教学,因为学习语言是需要反复聆听,反复跟读的,而广播一遍即过,不给学习者留下任何可以回味和重温的机会,当然也就不会带来较高的学习效果。

广播媒介不仅不能保留和保存信息,而且一次性传送的信息量也十分有限。我们都知道出声读一篇文章所用的时间比用眼睛看完同一篇文章所用的时间要多很多,广播是通过播音员讲话实现信息传递的,在一定的节目时长内,以正常语速讲话所传达的信息量是很有限的,而汉语教学广播考虑到听众的语言水平,确保外国听众可以听得清听得懂,播音员的讲话语速是绝对低于正常语速的。据统计,我们普通人讲话的正常语速大约为245字/分钟,而新汉语水平考试听力的语速约180字/分钟,远远低于正常语速。因此汉语教学广播一次性向受众传递的汉语知识是非常有限的。广播媒介一次性传送信息量小,又不能保存信息,这是广播媒介相对于其他媒介在进行汉语国际教育中非常不利的地方。

（三）灵活运用广播媒介推广汉语

通过对汉语教学广播的传播方式进行分析可知，汉语教学广播以无线电波为载体传递声音符号，受众用收音机接收到电波后再将其还原成声音，在传播方式上体现出听觉传播、线性传播、同步传播等特点。

广播以电波为载体，电波具有超强的穿透力，可以被发射到非常遥远的地方，中国国际广播电台目前已覆盖全世界200多个国家和地区，以65种语言进行节目广播，其覆盖范围之广，是其他媒介很难望其项背的，这也是我国十分重视通过广播推广汉语的重要原因之一。另外，汉语教学广播以播音员标准的发音、生动的讲演，为受众营造身临其境的学习氛围，正宗地道的汉语语言环境，有助于提高受众的汉语听说能力。

但是，以听觉传播、线性传播和同步传播为特点的广播媒介在汉语国际教育中确实也存在很多短板和硬伤。因此，笔者认为我国在利用广播媒介开展汉语国际教育时需要注意以下几点。

1. 开发广播汉语教学节目的配套教材

有教材作为依托的话，受众就不会担心来不及消化广播中的所有汉语知识，而且可以在收听完广播后有针对性地复习巩固自己掌握得不够扎实的内容。这一点国际台的《每日汉语》节目就做得很好，出版了与节目配套的、覆盖38种语言的《每日汉语》系列丛书，让学习者可以边听广播边看教材，不必担心知识随着声音的消逝而消失。

2. 为受众提供广播汉语教学节目音频资源的网络下载或在线点播等服务

广播的线性传播和同步传播使受众在使用广播进行汉语学习时非常被动，而随着社会的发展、媒介的变迁，人们越来越追求在媒介接触中掌握个人控制权，因此为受众提供相关资源下载和点播等服务显得势在必行，只有如此才能使受众自主决定收听广播的时间，自由选择是否返回重听、快速播放或跳过播放。

3.重视制作推广介绍文化类广播节目

中国音乐、中国故事、中国习俗、中国新闻、中国社会等文化类广播节目,让全世界听到中国的声音,了解中国的文化。通过对广播的传播方式进行分析,笔者发现广播媒介不怎么适合进行系统的、综合性的汉语语言文字教学。因此,与其花费大量人力物力财力制作汉语语言教学广播节目,笔者更提倡多制作优秀的中国文化介绍类节目,借助国际台的媒体资源在全世界播出,让中国语言和文化在世界各民族文化中更具辨识度、认知度和影响力。

三、重视媒介传播方式促进汉语有效传播

汉语走出国门、走向世界,可追溯到先秦时期,以汉唐为盛,"汉字文化圈""西洋汉学"就是最好的证明,而"海外华语"及"华文教育",是汉语及汉语方言在海外传播和发展的集中表现。中华人民共和国成立后,汉语作为第二语言教学逐步得到重视并发展起来。进入21世纪,随着中国经济的高速发展和国际地位的逐步提升,"汉语国际传播"被赋予新的历史意义,成为近年来一个重要的研究领域,得到越来越多学者的关注。笔者认为,随着现代传媒技术的不断推进和演变,汉语在国际上的传播面貌相比过去已经发生了质变,汉语借助各类传播媒介不断地向海外传播,其传播速度、传播范围及受众群均发生了质的变化,现阶段的"汉语国际传播"是语言学的研究任务,也是传播学的研究课题:既要了解汉语国际传播的面貌,也要深入探讨汉语传播的规律,在语言传播理论的指导下更好地开展汉语国际传播事业。

除了纸质教材和广播媒介以外,电视和网络也是我国在开展汉语国际教育过程中非常倚重的媒介。但因为电视媒介与广播媒介的传播方式存在很大的相似性,网络媒介几乎融合了前面所有媒介的特点,所以考虑到文章篇幅问题以及避免重复分析等原因,不再对电视和网络的传播方式展开详细分析,只在本节内进行简单地介绍和

说明。

电视的传播符号是声音和影像，以电磁波为载体被传送到电视机的接收器并被重现在屏幕上，这使电视在传播方式上形成了视听觉传播、线性传播和同步传播等特点。与广播相比增加了视觉符号，电视是视听合一的媒介，给受众带来直观真实的双重感官刺激，这是单凭听觉的广播和单凭视觉的纸质教材媒介所无法比肩的。电视汉语教学节目通过重现各种交际场景、电视教学等方式，给予受众视听双重刺激，使受众在记忆中留下更为深刻的印象，产生良好的教学效果。

但是线性传播和同步传播使电视同样存在着与广播媒介同样的硬伤，即缺少自主选择性和不可保存性，另外电视机体积大不便携带、花费较高、制作电视节目成本高，这些都是在使用电视媒介开展汉语国际教育时不得不正视的问题。

互联网的出现可以说是一次媒介技术的大变革，它通过数字技术将文字、图片、声音、影像等各种传播符号通通收至麾下，而且这些符号和信息还可以被更广泛传播、无限复制和批量存储，它也给予了受众在信息接收上最大限度的自主性和选择性。接收终端方面也更加多样化，只要接通网络，台式计算机、笔记本电脑、平板电脑、手机、电子阅读器、智能电视等终端都可接收互联网传送的信息。强大的符号兼容性、高速快捷的光纤传送、多样的接收终端，让互联网在传播方式上体现出全球传播、视听觉兼容、同步异步兼具、交互传播等特点。

互联网的这些传播特性使其在汉语国际教育中具有其他媒介无法企及的优越性，使用互联网可以进行远程汉语教学、分享汉语教学资源、开展在线汉语授课、建设在线资源开发平台、与学习者及时沟通等，因此互联网媒介应该成为我国未来汉语国际教育媒介开发的重点对象，我们要投入更多的精力建成完善的互联网汉语国际教学体系。

通过对汉语国际教育中比较常用的几种媒介进行分析发现，每种媒介在传播方式上都有其独特的个性特征，纸质教材可控性高、系统全面,但单调枯燥、时效性低;汉语广播感染力表现力强、发音标准,但可控性低、保存性差;汉语电视节目视听合一、真实直观,但成本高、保存性差、可控性低;互联网覆盖范围广、高速快捷、视听兼容、容量大、易保存、交互性强,在开展汉语国际教育中具有无限的发展潜力。

媒介的这些传播方式直接影响汉语国际传播的效果,也会对受众的媒介选择产生重要的影响。因此,汉语国际教育者们在使用大众传播媒介的时候必须重视每种媒介的传播方式,了解这些传播方式在汉语国际教育中的弊端和优势,因势利导、扬长避短,促进汉语在世界范围内的有效传播。

(一)汉语的自然传播与社会传播

语言这个符号系统,既是信息的载体,又是信息的容器,其本身也是一种信息。笔者认为,当语言作为信息载体时,主要是传播学的研究内容;当其自身作为信息时,主要是语言学的研究内容,那么,以此假设前提为基础来谈语言传播问题,我们可将视野扩展到语言学和传播学。

当前,伴随着中国走向世界,汉语国际化、汉语国际传播成为语言传播的一种客观进程。随着中国国际话语权的逐渐加强,汉语本身作为一种中国信息,逐渐为世界所关注。从传播学的角度看,信息是传播的客体和基本内容,信息最底层的传播媒介往往是语言,属于信息的自然传播;信息借助除语言外的第二层传播媒介,即现代传播媒介传播开去,属于信息的社会传播。传播中国信息的底层媒介是汉语,在这个层面上的汉语传播,属于自然传播;第二层传播媒介是现代信息技术支撑下的现代传播媒介,借助现代传播媒介的汉语传播,属于社会传播。笔者认为,对这两种汉语传播的研究,是对汉语国际传播研究的一种有益补充,也将推动汉语国际传播的理论研究。

(二)当前汉语国际传播的四种类型

汉语在世界各地的加速传播始于2004年,除传统的"请进来"学习汉语外,"走出去"积极主动的汉语传播方式在世界"汉语热"的特殊时期得到了国家的高度重视,如在世界各地建设孔子学院,向世界各国派出汉语教师及志愿者等,极大地丰富了汉语的国际传播类型。传统的传播学将传播类型分为四类:大众传播、组织传播、人际传播及人内传播。随着信息化社会的发展、网络时代的来临,网络传播、群体传播等新的传播类型相继出现,丰富了传统的传播类型。

结合现有的汉语国际传播的方式方法,笔者将当前的汉语国际传播归纳为人际传播、组织传播、大众传播和网络传播四种。

1. 人际传播类型

人际传播是指个人与个人之间直接面对面的信息沟通和情感交流活动,分直接传播和间接传播。直接传播不需要经过传播媒体就可直接进行面对面的信息交流,而间接传播是在大众媒介出现后实现的远距离点对点的即时沟通。在汉语国际传播中,人际传播是最基本、最古老的语言传播类型,如一对一的家教形式或一对多的传统汉语课堂、海外华侨华人家庭语言沟通等,属于直接传播;通过传播媒介的一对一、一对多或点对点的远程汉语教学活动等,属于间接传播。无论是直接传播还是间接传播,汉语通过人际传播的传播方式,因其有丰富和即时的语言信息反馈,其运用在汉语学习中,能获得显著的学习效果。

人际传播类型的汉语国际传播集中体现在个人的汉语学习上。依靠人际传播的汉语学习方式,除最基本的面对面和一对一的方式外,都与现代媒介有着不可分割的联系。传播媒介的介入,使汉语学习不断扩展、延伸到组织传播、大众传播和网络传播领域,呈现多样化。这里值得一提的是海外华侨华人家庭的华语传承和保持问题。海外华侨华人家庭的华语保持,是一种被动的人际传播类型,是华语在海外传播最古老、最直接、最有效的方式,华人家庭和亲属之间的语言环境,使汉语在海外的传播和发展得到最基本的保障。海外华语传播是汉语国际传播的一支主体力量,是其不可分割的重要组成部分和研究内容。

2. 组织传播类型

组织传播指的是具有某种特定目的的组织所从事的信息活动,其过程包括四个方面:社会化过程、行为控制、决策控制和冲突管理。由中国孔子学院总部推出的孔子学院和汉语教师志愿者项目,是当前汉语国际传播中典型的组织传播类型,其均由孔子学院总部批准设立,汉语教师的人员设置和派出、教学活动的安排和设计等,都须通过孔子学院总部同意后实施,并对其教学活动和人员设置等保留最终解释权。

如海外孔子学院的建设,属中外合作建立的非营利性教育机构,其机构业务是开展汉语教学和中外教育、文化等方面的交流与合作,包括开展汉语教学、培训汉语教师、开展汉语考试等。孔子学院在世界各地的建设,好比一个脉络清晰的组织传播网络。又如汉语教师志愿者项目,是我国为帮助世界各国解决汉语师资短缺问题而专门设立的志愿服务项目。

3. 大众传播类型

大众传播指特定社会集团利用报纸、杂志、书籍、广播、电影、电视、网络等大众媒介向社会大多数成员传送消息、知识的过程。与人际传播相比,大众传播是人际传播的规模化延伸,其传播者具有很强的组织性,传播媒介数字化、网络化,传播内容超大量,复制性强,传播范围广。除网络媒体外,其弱点是传播单向性,信息反馈较弱。反馈弱化的问题在网络出现后得到彻底解决,为分类和表述方便,笔者将在下文中探讨网络传播。

大众传播手段在汉语国际传播中运用很广,如汉语学习的报纸、杂志、书籍,汉语节目的广播、华语电影电视等。国内专门针对汉语国际传播而开设的大众传媒不胜枚举。广播方面,如中国国际广播电台广播孔子学院,用38种外语向世界各地学员教授汉语;中国国际广播电台的《学汉语》节目、远程汉语视频教学节目、在部分国家开设的《空中汉语课堂》等,已成为向世界传播汉语及中华文化的重要传播渠道;华语电影近年来也在逐步走向世界,全球化语境下越来越多的华语导演用母语、用影视画面向国际社会展现中华民族文化的特色。

4.网络传播类型

网络传播是以计算机通信网络为基础进行的信息传递、交流和利用,其散布型的网状传播结构和特点,使每个人都变成传者和受众,它涵盖了其他传播类型的特点,颠覆了传统的传播类型,极大地改变了此前的信息传播方式。汉语传播与网络的结合,对传统汉语传播模式的挑战是空前的,网络传播打破了传统汉语教育与传播的时空限制,同时实现了人际传播、组织传播与大众传播中各种汉语资源的高度融合。

运用现代信息技术和多媒体网络进行教学已成为汉语国际传播的一个发展方向,孔子学院总部提出的对外汉语教学的六个转变方向中就包括教学方法从纸质教材面授为主向利用现代信息技术、多媒体网络教学为主的转变。在网络条件的普及下,综观当前的网络汉语资源,可分为以下几大类。

综合类型:此类网站内容丰富,除发布汉语学习和考试的动态信息、提供国内外汉语教育与传播的新闻外,还有大量汉语资讯,如介绍当代中国及传统文化等综合信息。其并无专门特定的受众群,任何对汉语感兴趣的受众皆可从该类网站中获取相关信息。如"中国孔子学院总部""中国华文教育基金会""中文教育网""汉语世界"等。

教学研究类型:此类网站专为汉语教学研究而设,具有丰富的汉语教学资源,主要受众群为将汉语作为第二语言教学研究方向的教师和科研人员,其拥有大量音频、视频等多媒体形式的汉语教学资源,如"对外汉语教学交流网""对外汉语教学与考试网"等。

考试、学习类型：考试型网站受众群集中，主要面向参加各类汉语水平考试的海外学生，除公布考试资讯外，还提供大量的汉语考试模拟试题、考试指南、考试培训、考试用书等具体的汉语考试信息，如"中国汉语水平考试""BCT商务汉语考试"等。学习型网站的受众群主要面向对汉语学习有兴趣的各层次海外学生及从事汉语教学工作的人员，为其提供各种汉语学习的课件、学生及教师用书等，深受汉语学习者的欢迎，如"汉语网""汉语世界"等。

高校、组织机构类型：此类网站是由国内开展汉语教学与研究的高校或机构专门开设的，受众群基本集中于高校与相关教学和研究机构的人员。近年来，国内开展汉语研究的高校和机构很多，大部分开设了专门的网站，发布汉语研究的最新科研进展，如北京语言大学对外汉语研究中心、暨南大学华文学院、华东师范大学对外汉语学院等。

报纸、期刊类型：此类网站是纸质媒体的网络版，主要受众群是针对从事汉语教学和研究的人员，受众面较小，专业性很强，如《中国语文》《语言文字应用》《世界汉语教学》等。在国外采用华文出版的报纸统称为华文报纸，这些报纸深受海外华侨华人的喜爱，成为他们关注中国的重要窗口，较知名的如菲律宾的《世界日报》、马来西亚的《南洋商报》、新加坡的《联合早报》、加拿大的《华侨时报》等。

论坛、博客、空间、微博类型：此类网站是汉语研究者、学习者利用网络自主创设的在线交流空间，论坛依托的是专业网站，而博客、微博及空间则以个体身份开设，共同点是拥有集中的主动型受众。如"对外汉语论坛""汉语国际论坛""华教社区""华语天下"等，内容涵盖汉语研究与学习，信息量非常大；又如"汉语空间博客""对外汉语教师之家"及语言学界越来越多的学者开设的博客、微博等，发布与汉语教学和研究相关的信息和个人研究心得。

从以上四类汉语国际传播类型中可以看到，第一，在现代网络传播环境下，人际传播、组织传播、大众传播这三种汉语国际传播形态都普遍存在于网络传播中,即多种传播类型相结合是当前汉语国际传播类型的重要特点。网络传播极大地拓宽了汉语的全球传播面积,为汉语国际传播构架了一个超大的全球网状传播结构。第二,通过组织传播而进行的汉语国际传播,其组织性、可控性最强,既是当前我国有效开展汉语国际传播的主要形式,也是我国汉语国际传播战略的重要组成部分,集中体现了当前我国汉语对外传播的政策。第三,博客、空间及微博等网络用户的增加,标志着自媒体时代的来临,为微传播环境下的汉语国际传播注入了鲜明的个性化特征。

(三)微传播环境下自媒体时代的汉语国际传播问题

当前汉语国际传播的全方位传播格局显示,汉语传播手段正在经历革命性的变化,时间和空间限制不再是传播的障碍,这为汉语国际传播创造了前所未有的有利条件。尤其是微博作为一种新的自媒体形式出现后,更彻底地颠覆了传统的传者和受众的界限,使语言信息传播多向化,任何使用微博的个体都具备传者和受众的双重身份,任何个体都可以是传媒,这种基于网络微传播环境下的"人际传播",对已有的语言传播模式产生了巨大影响,成为具有一定规模的网络微环境下的"群体传播"。在网络时代,在以微博为代表的自媒体崛起之际,语言传播模式已悄然改变。而这也提醒我们在新传播环境中去重新审视和反思汉语国际传播,推动汉语走向世界。

汉语国际传播的战略问题。互联网和云计算等现代技术的快速发展正对世界产生重要影响。语言文字是信息的重要载体,信息化发展使语言文字进入虚拟空间,形成虚拟语言生活;加强语言文字的基础研究和基于信息处理的应用研究,加强面向信息处理的语言文字规范标准建设,尽快形成具有自主知识产权的中文信息处理核心技术,提升中华语言在虚拟世界中的影响力,加速国家信息化进程。语言战略是国家发展战略的有机组成部分,要从全球化国家安全、全球竞争力的战略高度来审视语言问题。过去由于世界各地汉语学习需求的快速增长导致汉语教学工作应接不暇而缺少规范的局面已基本结束,借助新兴媒体,汉语国际传播的速度、规模和范围似乎都超出了人们的想象。现阶段汉语传播生态环境已然改变,网络自媒体时代极大地拓宽了汉语的信息传播渠道,汉语地图,尤其是虚拟网络空间的汉语地图正被快速改写,任何个人通过"微"渠道传播的内容,如微电影,可在一夜之间累积起超越主流媒体的网络点击率,而主流传播媒体的引导和规范效应正逐渐减弱。针对此种情况,2017年5月,国家新闻出版广电总局印发了《关于进一步加强网络视听节目创作播出管理的通知》,进一步明确了网络视听节目的规范和发展措施。网络传播是汉语国际传播的重要渠道,我国汉语国际传播的战略内容,也应包括对网络虚拟世界汉语传播的引导和规范,出台相关的政策性的规定和通知,促进汉语国际传播事业的良性发展。

当前,汉语国际传播正进入一个新的发展阶段,它是中国对外传播中的一个重要组成部分,需要其他传播因素和政策的相互配合与支持,我们必须站在国家发展战略的高度来思考和处理语言传播问题。

汉语在微传播环境下的规范问题。据《中国互联网络发展状况统计报告》统计显示,截至2019年6月,中国网民规模为8.54亿,较2018年底增长2 598万,互联网普及率达61.2%,其中手机网民规模达8.47亿,在上网人群的占比达99.1%。近半网民使用微博,手机成为我国网民的第一大上网终端,自媒体正以前所未有的速度普及和应用。在当前汉语传播的微环境下,网络新词层出不穷,海外华语中大量使用汉语方言,容易造成受众对传播内容的误读误解而产生交流困难。如闽南话的"阿舍(纨绔子弟)""大家(婆婆,夫之母)""大官(公公,夫之父)"等词,使用者若不加解释,即使汉语掌握得不错的非该方言区的阅读者,想要单纯通过语境产生正确理解的可能性也非常小;又如汉字简体和繁体的区别问题,不仅中国香港地区、中国台湾地区、中国澳门地区使用繁体字,东南亚地区以及英国、加拿大、美国等国家的华文报纸、华文图书等也有相当一部分使用繁体字。这些情况给海外汉语学习者和使用者带来了较大的困难,适当地规范和引导,对以汉语为载体的中华文化的国际传播将起到积极的作用。

因而,提倡微环境中自媒体汉语使用的规范意识,加强语言使用动态、语言舆情等的监测和研究,加强网络语言的规范等工作,对汉语国际传播具有切实的指导作用。

(四)汉语变体研究问题

汉语国际传播高速发展阶段,在世界各地传播的过程中必然会出现各种各样的变体。如海外华语,是汉语在海外的变体。海外华语内部,也因世界各地华人社区不同的方言背景而出现各自不同的华语变体。不同的变体是在使用过程中自然产生的,当变体变异到某个程度时,就会造成语言交流上的障碍。近年来,学界对海外华语的研究取得了很大的进展,已出版的《全球华语词典》,在消除因变异而形成的语言交流障碍方面迈出了标志性的一步。同样,在网络环境里使用的汉语,也可以被看成汉语的一种网络变体,这种汉语变体在微环境下的自媒体世界里,传播速度惊人,这些已经通用于网络的变体又正在与其他已经形成的汉语变体,如华语及华语的变体,在这个突破时间空间的微观世界里互相渗透、互相影响,甚至不断产生出更新的汉语变体来。

因而,重视汉语变体研究,及时地收集总结世界各地不同的汉语变体,维护多样性,避免同质化,这为汉语国际传播带来了新的研究课题,将有助于汉语国际传播地图的扩展。

(五)语言传播基本规律问题

语言是如何扩散和传播的?无疑,分析各种语言传播现象,对研究语言传播的基本规律具有现实意义。语言是一种资源,不加使用便会枯竭,语言只有在动态使用中才能获得生命力。换言之,语言不会自己传播,需要借助外力来推动,借助载体来扩散和传播,外力是开启语言传播旅程的动因,载体是媒介,包括人和现代信息技术支持下的庞大的网络。在汉语国际传播中,汉语也需要借助外力和载体来获得动态能量向外传播。自媒体这个传播媒介显然是语言传播的新渠道,如主要通过自媒体传播的汉语微电影、汉语微小说等微产品,通过这些汉语微产品极大地加快了汉语的扩散和传播速度。网络早已渗透到我们的现实世界,网络的语言传播模式已经极大地影响了现实生活中的语言接触、扩散和传播现状,这是语言学和传播学都应该研究的新课题,其与汉语的结合将为汉语国际传播开辟一个更加广阔和快速的新平台。通过这个新平台,我们更容易快速即时地观测到动态语言接触、扩散和传播的现象和基本面貌,这需要我们借助语言学和传播学的知识将研究推向深处,有助于我们深入研究语言传播的基本规律,促进汉语语言学的理论研究。

1. 传播内容规范化

任何一个统一的文明的国家,都要形成和规定本国的标准语(或者叫共同语、通用语、法定语)。这不但是发展本国的经济、文化,维护和加强国家统一的需要,也是外国人学习这种语言的需要。语言规范化主要包括两个方面,一是形成规范,二是遵守规范。形成规范就是根据语言发展规律,对一种语言的语音、词汇、语法等进行整理、加工,明确各方面的标准,以促进语言的统一,并使其内容和体系更加丰富和完善。即对汉语的语音、词汇、语法等方面进行整理和加工,明确各方面的标准。遵守规范是指经过长时期的共同努力,当一种语言初步形成了自己各方面的规范后,就由民族共同语的低级发展阶段走向它的高级发展阶段,也就是要进一步去完善、加强语言各个方面的规范化、标准化,并使全社会遵守这种规范。

2. 传播方式现代化

观念的现代化必然引起教学思想、教学方式以及教学手段的变革。这一系列变革必然要产生一个新的产业,即基于网络媒体教学的网络出版产业。由于宽带和传输速率的限制,近期的网络媒体教材将在网上集成后通过光盘的形式作为最终产品呈现在学生面前。然而,这种产品是面向个人的新媒体教材。当学生完成短期的课堂语言教学后,网络教师便可以送给学生一张网上集成的个人化课程的光盘。学生便可以通过网络完成后续的学习。

面对21世纪网络化社会的发展,一个信息世界、数字世界即将到来。网络传媒为创建汉语推广网站提供了有利的条件,通过国际互联网将汉语推广到世界各地,让全球各国人民更方便、更简便地学习汉语,并向世界传播中华民族光辉灿烂的文化。因特网将文字、声音、图像、动画等要素结合起来,为受众提供了真实的语境和全方位、多维的信息,在真实的语境中感受汉语的发音,可以达到更准确、更快速、更真实的传播效果。对外汉语计算机辅助教学的理论研究越来越受到社会各界的重视。

3.教材编写现代化

对外汉语教材创新的出路是教材编写的现代化。国家汉办在《全国对外汉语教材工作会议纪要》中指出:"更新传统观念,打破教材编写陈规,突破已有的编写框架,推出合乎时代需求的精品教材,成为摆在对外汉语教学界面前的突出任务。"网络媒体的出现给对外汉语教材的编写带来新的契机,同时也带来了挑战,即对外汉语教材的编写无论从设计思想还是总体编排上都要体现出现代化媒体特点的新思路。

第一,专家系统的建立。专家系统是基于网络这种新媒体的对外汉语教材或课程的核心部分,是指基于网络的智能化环境。由于网络教学的个体化特点,基于网络概念的对外汉语教材必须满足学习者个体的不同需求。因此,这个专家系统必须具有智能化特点,能够根据学生的不同需求,利用网络的信息资源组合成适合学生个体需求的教材和课程。比如,一个母语是英语的零起点的汉语学生希望提高汉语的听说能力,专家系统可以根据学生学习时间的长短,根据现有的词汇大纲和语法大纲编排听说教材。专家系统还可以对学生的言语表达提供反馈信息,改正病句,提供正确答案等。专家系统在某种程度上代替了教材编写人员的工作,使基于网络的单个教学能够满足不同学生的需求。

第二,教材选取的材料。基于网络这种新媒体的对外汉语教材在教材来源上要比传统的教材有更为广阔的选择余地。比如,网络新闻、各种讨论组的专题讨论、各种往来的电子信件等材料都可以作为教材编写的教材来源。这些材料的组合大部分是由专家系统根据学生的需求以及课程的特点对材料进行筛选。根据主题选择合适的内容,根据大纲筛选每课生词,并给出拼音和外文注释,根据相应的语法点进行注释。整个教材编排是一个动态的筛选与组合过程。

第三,多媒体技术的利用。多媒体技术的发展促进了多媒体汉语教学,基于网络媒体的对外汉语教材可以充分利用现有的多媒体技术。多媒体技术一方面可以使枯燥的汉语学习变得更加直观、形象,有助于情景教学;另一方面,有利于网上面对面言语交流以及特定情景的言语交际。实际上网络教学与多媒体技术是密不可分的。多媒体技术会使基于网络这种新媒体的教材成为真正的全方位、立体化教材。

第四,网络媒体的应用。网络教材的媒体自然是网络媒体。这种新媒体的出现对对外汉语教材的媒介由纸张到多媒体,是一个传媒时代的跨越。多媒体教材无论从容量还是编写和表现方式的多样性上都远远超过以纸张为媒体的教材。它可以实现基于计算机的交互式教学和学习,它可以模拟真实的交际情景。

但是与网络媒体相比,以光盘作为媒介的多媒体教材又略逊一筹。网络媒体与对外汉语教材的结合,是一种基于新媒体的传播更为广泛、给学生带来更大自由,同时也是给对外汉语教学带来更为深刻变革的新一代电子教材。这种新一代的电子产品带来或正在带来的影响和冲击是难以想象的。

4. 教学方式的现代化

首先，我们要区分"基于网络"的语言教学与基于网络概念的语言教学。基于网络的语言教学，强调的是网络教学的硬件环境。课本搬家就是一种基于网络的语言教学。之所以强调基于网络概念的语言教学，强调的是真正体现和发挥网络信息特点的语言教学观念，重新塑造网络教学的软件环境，而不仅仅是网络教学的硬件环境。传统的语言教学是以课堂教学为核心的教学方式。学生要在特定的时间、地点完成学习任务。教师是课堂的中心，是知识传授的信息源。这种课堂教学的优点是教师可以面对面甚至可以手把手地传授知识与技能。但是，它的缺点也是不言而喻的。固定的授课时间、地点无法兼顾学生个体在时间和空间上的限制；课堂上教师无法同时满足不同学习水平的学生的需要。

基于网络的课堂，在规模上是前所未有的。它打破了传统课堂在时间和空间上的限制，是一种开放式的课堂。这种课堂是以学生为中心的课堂，教师的作用只是辅助性的。学生享有充分的自由，可以根据自己的需要，随时随地从网络中获取信息，进行交互式的学习和交流。基于网络概念的语言教学除了具有网络教学的硬件环境，更重要的是，它能够提供适应学生个体语言习得特点的环境。这种课堂实际上是与语言学习相关的信息资源动态组合与提取的信息库，是一种信息密集、动态组合的智能化专家系统。

基于网络概念的课堂教学，必然带来传统教学方式的变革，这种变革就是要改变以教师为中心的教学方式，建立基于网络信息资源的组合和利用为中心的教学方式。这种教学方式是课堂教学信息源的重大改变，教师的角色在这种课堂教学中发生了重大的变化，教师不再是学生知识与技能获得的唯一信息源。

学生可以通过专家系统的建议与指导充分地利用网络信息资源。这些资源的利用可以通过不同的渠道获得。比如，一个打算学习旅游汉语的学生，只要在电子表格上填写出自己的要求，专家系统便会自动检测并向学生推荐适合学生的旅游汉语教材，或者由专家系统根据学生的需求编排一套旅游汉语的课程。此外，专家系统还可以为学生安排网上直播旅游汉语课程、讲座等。这种教学的信息量是任何一种纸质课本无法容纳的。这种教学是一种多方位的立体化教学，集中了网络大众的智慧与经验，远远超过单个教师的智慧与经验。在众多的网络资源中，学生有较大的选择自由。

5.传播主体专业化

对外汉语教学软实力传播的发展、推广正处于难得的发展机遇期，对外汉语教师是汉语对外传播的中坚力量，他们担负着汉语传播的使命。尤其是当前世界各国对汉语学习需求高增长的现状，使得汉语国际推广者数量的扩大和专业素养的提高成了这项工作的当务之急和重中之重。据有关国际统计机构提供的资料，目前在国外使用和学习汉语的人数已超过1亿人，有约100个国家在各级各类的教学机构内教授中文课程。相对于国外汉语教学的快速发展和学习汉语人数的急剧增加，各国汉语教师严重匮乏，许多国家纷纷向我国提出了派遣汉语教师的强烈要求。尽管国内教育部门努力做了相关工作，但师资缺口巨大。

建设专业化的传播队伍首先要认识到，对外汉语教师所做的是一项极富挑战性的工作，其面对的不仅是普通汉语教师面对的好学生与后进生的层次状况，而且还面对不同国家不同文化的学生。在对外汉语教学软实力传播中，其扮演的不仅是单纯的语言教师角色和学术研究者的角色，而且还扮演着高层次的涉外人员角色和文化传播者的角色。

要想将汉语规范类资源有效发挥出来必须扮演好涉外人员角色

和文化传播者的角色。自古以来文化与语言就密不可分。历史表明，语言有自己的工具属性，而决定这种工具属性的地位是由这种语言所代表的文化以及这种文化对人类社会生活产生的影响。汉语是在汉民族悠久历史中发展起来的，负载了汉民族厚重的历史与文化。对外汉语教学如果仅仅停留在语言知识的传授和语言能力的训练，而没有文化知识的渗入，那对提高这种语言的工具地位没有丝毫提升。所以，在对外汉语教学中，要提高软实力发挥的效率就应该把语言体系本身蕴含的反映民族文化特色的国俗语义教给学生，这样不仅能够在跨文化交际中减少信息差，同时在无形中提高汉语的工具属性的地位。

文化传播角色首先要求对外汉语教师要掌握丰富的中华文化知识，比如中国的民俗风情、历史发展、地理概况、各类艺术以及中国人的价值观念、思维模式、行为规范、审美情趣、宗教信仰等。其次对外汉语教师还必须具有一定的文学知识，其中包括中国古代、现代和当代文学的发展概况、作家作品、名著名篇、世界文学历史和世界名著。最后教师还应对异国风情有一定的了解，即异国的风俗习惯、人文地理等。只有这样高屋建瓴，才能在教学中游刃有余，用具有不同国家不同文化学生的眼光教学汉语，及时准确处理不同文化间的碰撞，达到事半功倍的效果。

扮演涉外人员角色首先要求每一个对外汉语教师都应重视自己的政治素养。与国内大专院校一般教师相比较，对外汉语教师的政治素质变得更为重要。因为其身份不仅仅代表着是哪门知识的传授者，而且代表着国家的形象。从政治学的角度来说，对外汉语教学是一项承担着让世界了解中国使命的政治活动。

对外汉语教师的一言一行都会在潜意识中传递这样一个属性的概念：中国是什么、中国人是什么。例如，对外汉语教师认识各种社会问题的立场、观点和方法，反映在他的教学过程中会造成积极的或消极的影响。"爱岗敬业"是对外汉语教师的职业要求,但更重要的是有真切的"爱国主义"热情。这种热情真真实实地发自肺腑之心,同时感染周围的学生。对外汉语教师站在讲台上就好比是站在边防线、站在海关口。站在边防线的士兵责任大、站在海关口的官员义务重,同样站在讲台上的对外汉语教师要自觉地肩负起消除来自国外的误会或歧视的责任,同时传播中国各种对内对外政策法规的真实理解和认识。要想提高对外汉语教学的效率,探究汉语语言学和对外汉语教学理论界至今尚未完全解决的问题,对外汉语教师必须担当学术研究者的角色。这就要求对外汉语教师必须具有一定的科研能力,应从事一定的科研工作。总结归纳一些教学理论、提高教学质量、改进教学方法,使教学课堂从苦学走向趣学、从难学走向乐学。

第七章 跨文化视域下汉语国际教育国别化案例——孔子学院

第一节 孔子学院与汉语国际教育

随着我国经济持续发展和综合国力不断提升,汉语在国际舞台上的重要性也日益突出,国际上要求学习汉语的人数越来越多,汉语国际教育与推广已成为我国一项国策。尤其是近几年,伴随我国"一带一路"建设的推进,语言相通成为"一带一路"建设的基础保障和先导工程,语言文化需求、语言人才需求、语言产品需求以及语言服务需求等的满足已经显得迫在眉睫。

当前,随着孔子学院的开办与发展,"一带一路"沿线国家或地区的汉语国际教育的推广取得了一些成绩,如网络、广播、电视孔子学院开始运营;建立了国际汉语教学标准;加强了汉语国际教育师资队伍建设;建设了系列汉语国际推广基地;汉语教材资源的开发与推广力度不断加强;汉语水平考试不断创新;招生宣传日益多样化,合作办学日益红火;等等。但是,汉语国际教育在推广过程中仍存在许多问题。例如,一些国家对于汉语的国际推广在文化和舆论方面存有误解和挑战。而且,我们的汉语国际推广体系中尚存在着不合理、不如意的情况。这些不足和缺陷表明深入研究汉语国际教育的必要性和重要性。

一、孔子学院汉语国际教育的发展定位

2004年全球第一家孔子学院在韩国的汉城(现名首尔)开办,此后,孔子学院相继在各地落地开花结果,蓬勃发展。根据孔子学院官

方网站数据显示,截至 2019 年 12 月 31 日,全球 162 个国家(地区)已建立 541 所孔子学院和 1 170 个孔子课堂。孔子学院的蓬勃发展带动了世界各国的"汉语热"和"中国热"。作为非营利性质的教育和文化交流机构,孔子学院在汉语国际教育中的定位是开展汉语教学、传播中华文化以及促进多元文化的交流。①

(一)开展汉语教学

为更好地开展汉语教学,孔子学院联合国内知名高校出版系列教材和课外读物,根据不同国家的教学需要以及汉语学习者的学习特点分类设置课程;举办"汉语桥"系列比赛,激发汉语学习者学习汉语的热情;举办各类中文水平考试,设置孔子学院奖学金,鼓励汉语学习者来华交流学习;开设网络孔子学院,提供教学资源库;在多所国内高校试点设立汉语国际教育专业博士学位,逐渐形成"本科—硕士—博士"的培养体系,为汉语国际教育的发展培养高质量人才;选拔派遣大量的汉语教师赴任世界各地教学;大力培养本土教师。开展汉语教学的目的就在于为汉语学习者提供最正规的学习渠道和最规范的语言学习。

(二)传播中华文化

语言与文化本就是一体的,语言是文化传播的重要载体。在教授汉语知识的同时,"孔子学院应承担更高层次的文化推介与研究工作",向世人传播悠久的中华文化与历史。如孔子学院每年都举行的"汉语桥"比赛,受到了各方的关注;定期开展的中华传统节日活动,也是得到了各国汉语学习者的积极参与。目前孔子学院的授课方式大多为"汉语知识+中华文化"的形式,以文化作为辅助手段和载体,吸引学习者的兴趣,促进日常教学工作的正常开展。但是,实际上"中华文化"仅仅被简单地理解为"演奏一首《梁祝》""会写几个毛笔字""制作两张剪纸""编织一个中国结"等,这显然是远远不够的。在汉语国际

---

①赵跃.孔子学院教育功能研究[D].济南:山东大学,2014.

教育中应该着眼于中国更深层的文化与历史,在与当地文化不冲突的情况下,系统地开展汉语和中华文化教学活动,让学习者了解中华文化的深厚寓意和文化精髓。

(三)促进多元文化的交流

在全球化的今天,孔子学院与汉语国际教育的目标不仅是向外国友人传播汉语,更重要的是促进世界各国文化的交流与沟通。随着中国日益发展,既需要世界了解中国,也需要中国了解世界。作为中国与世界沟通的桥梁,孔子学院无疑起着至关重要的作用。孔子学院分布在世界的大部分地区,不仅向世界展示着中华的悠久历史以及当代中国的精神面貌,同时也为我国积极了解世界各国的风土人情、文化、教育等发挥着重要作用。在教学的过程中,传播中华文化与融入当地文化相互碰撞,产生各种精彩的火花,促进世界文化多样化发展。

二、孔子学院汉语国际教育的优化对策分析

"一带一路"倡议的提出与推进为汉语国际教育的发展注入了活力,促使汉语国际教育事业朝着新的方向蓬勃发展,但发展中仍旧存在多种问题。针对这些问题,笔者结合"一带一路"倡议,从"三教"(教师、教材、教法)和文化创生路径等五方面进行探讨分析,并提出相应的策略。

(一)依托"一带一路"倡议

1.建立"一带一路"汉语教育共同体

依托"一带一路"倡议,孔子学院应该积极与沿线国家和地区教育部门交流与沟通,就当地的汉语教育进行深入对话与研讨,构建汉语教育合作与交流机制,建立"一带一路"汉语教育共同体。依托国内知名高校优秀的教育资源,鼓励国内更多知名高校与沿线国家和地区的高等院校建立长期友好合作关系,联合开办孔子课堂和建立汉语教育实习基地,以更好地适应和满足当地的教育需求,为当地汉语教育的发展做好护航。

2.坚持"引进来"与"走出去"相结合

坚持"引进来"策略，吸收沿线国家和地区丰富的优质教育资源，针对当地的汉语学习特点，孔子学院应开展本土化汉语教学，打造具有特色的汉语教育，提高教育质量与品质，吸引更多高水平、优秀的汉语学习者来华留学深造，并完善相应的管理与培养制度，提升留学生的整体素质与能力。同时，孔子学院应联合当地教育部门，定期举办具有中国特色的文化活动，以文化交流为载体，推广中华优秀文化，使汉语教育与中华文化"走出去"。坚持"引进来"与"走出去"相结合，有助于汉语教育与国际接轨，完善汉语教育的发展模式与机制，推动汉语教育国际化，使汉语国际教育的发展跟得上经济的发展。

（二）汉语教师的培养

北京大学中文系教授、博士生导师陆俭明从知识结构、能力结构、心理素质三个方面论述了一名称职的汉语教师应具备的能力与素质。就目前而言，孔子学院的教师队伍数量有待扩充，教师流动性大，部分汉语教师的能力与素质需提高，解决这些问题要靠多方面的努力与配合。

1.提高对汉语教师的选拔要求

为了促进汉语国际教育高质量、长久持续的发展，孔子学院应该逐渐提高对汉语教师的选拔要求，选拔一批已经具备汉语教学能力、扎实的语言文化基础和海外适应能力的汉语教师。他们在接受岗前培训后能够具备更加成熟、完善的教学方式，以及合理从容应对海外课堂突发情况的能力。

2.侧重培养与提高汉语教师志愿者的能力与素养

除了现有的岗前和岗中培训外，孔子学院还应定期举办相应的在线系列培训、分享交流会、教学技能大赛等活动，全面提升汉语教师的教学水平。同时，根据不同国家和区域的教学特点以及所需汉语教师的能力和素质要求，应该有针对性地对汉语教师进行分类培训，着重提高汉语教师的相应能力,弥补教学短板,满足当地的教学需求。除了提升汉语教师的教学水平外,还应该提升汉语教师的文化储备。汉语教师应具备基本的文化常识,了解国情与时事政治,能够准确阐释和传播中华文化。

3. 加强对汉语教师志愿者的心理培训以及定期跟踪

汉语教师志愿者大多为在校的大学生和研究生,心理年龄不够成熟,抗压能力也有待加强。不完全具备适应异国文化的能力和独立克服困难完成教学内容的能力,再加上任期时间较长,周围缺少可以沟通与倾诉的华人,所以他们在海外的心理变化可能较大。因此,孔子学院应该加强对汉语教师志愿者的心理关注。比如,汉语教师志愿者定期要向国内选派单位和管理教师汇报近期的情况,方便孔子学院及时掌握汉语教师的心理动态;孔子学院的中方负责人和志愿者管理教师定期和汉语教师进行交流,了解汉语教师志愿者的心理变化;孔子学院定期开展心理疏导活动,帮助汉语教师志愿者适应当地的文化环境,克服教学活动和生活中遇到的困难,释放心理的压力;等等。

4. 提高汉语教师的跨文化交际能力和移情能力

在海外教学时,汉语教师要时刻提醒自己多了解赴任国的文化与习俗,谨记风俗禁忌,尊重当地的文化和传统,学会适应和融入当地的风俗习惯。在面对问题时,要避免产生矛盾,不要将事情扩大化。遇到不能解决的事情时,汉语教师应先与当地负责人进行沟通,寻求帮助,并尊重他人的做法,妥善处理。另外,汉语教师要多培养自己的移情能力,学会换位思考,体会对方的处境,理解对方的感受,欣赏对方的做法,多站在对方的立场上考虑问题,避免给对方带来不必要的麻烦。

5. 加强汉语教师与赴任国当地教师的沟通与交流

海外教学往往会出现许多意想不到的状况,如学生不服从教师的课堂管理;汉语教师不了解所在学校的规定等。汉语教师应该积极与当地教师进行交流与沟通,了解学校的相关规定,当地教学、学生特点,以及当地的风俗禁忌等,逐步提高教学能力和海外适应能力,融入当地的教学情境,适应当地的生活方式。

6.鼓励社会教育机构协助培养师资

目前汉语教师主要依托孔子学院和侨办培训派遣,远远不能满足所需的数量。社会上不乏口碑、信誉、教学质量较好的汉语国际教育机构。孔子学院可鼓励并联合汉语国际教育机构,建立相应的培养机制和考核制度,着力于选拔和培养一批具有教学经验和熟练掌握教学技能的教师,择优派遣,以缓解师资短缺的问题。

7.完善国内高校汉语国际教育专业的课程设置

部分高校的汉语国际教育专业课程设置不够合理,过多关注学生的理论知识,缺少实践的环节。在巩固学生的汉语基础知识和文化素养、加强理论学习的同时,高校应注重开发教学实践项目,为学生提供海外汉语教学实践机会,以提高学生的教学水平和课堂管理能力。

8.提升汉语教师的职业保障

孔子学院应联合教育部门,把汉语教师纳入国内教育体制,将汉语教师的考评和任教资格的评定与国内对接,确保汉语教师的职业发展,缓解汉语教师流动性大的现象,促进汉语国际教育的长期可持续发展。

9.培养本土化汉语教师

要想汉语真正走向世界,只是派遣大量的汉语教师志愿者是不行的。或者说从长远来看,这一条路是走不通的。最有效且最长远的办法是"应立足于培养越来越多的本地教师,而不是立足于外派大量志愿者汉语教师"。借鉴国内的英语师资培养模式,海外孔子学院可以与当地教育部门和学校合作,选拔一批高质量的汉语学习者,利用当地丰富的教学资源,设置相应的培训课程,大力培养优秀的本土化汉语教师。

(三)教材的国际化与本土化张力

1. 教材应本土化、具体化

在编写汉语教材时,应该有针对性地面向不同的汉语学习者,考虑到学生特定的文化背景、年龄和学习特点,着重加强教材的本土化特点,不应该面向所有海外学生"一刀切"。同时,结合该国的文化接受程度、宗教信仰和风土人情,有选择性地介绍中华文化和中国概况,并适当与该国文化进行对比,吸引学生的注意力,帮助他们去理解和接受中华文化。

2. 教材应该与时俱进

教材应该及时更新换代。如在对话的选择上应该更加贴合当代中国人的日常生活,而不是按照英语教材的模式去编排。在许多汉语教材的第一课大多出现的都是如下对话:"纳荣,你好吗?""我很好!""马克好吗?""他也很好。"而在平时的日常生活中,我们很少会进行这样的对话。教材编写者不应该只关注语言点的准确,而应该考虑到中国人的日常生活会话。同时,教材的文化编写部分应该更侧重于当代社会的发展。如在介绍古代四大发明时,课后可以拓展当代的"新四大发明":共享单车、扫码支付、网购、高铁。这样的对比编排不仅可以将当代中国日新月异的发展展现给外国学生,改变他们对中国贫穷、落后的印象,帮助他们更加熟悉中国的发展历程,更好地融入中国人的生活中,也能激发他们来华交流发展的兴趣。

3. 打造具有知名度与国际化的汉语教材

与其他语言的教材相比,汉语教材的数量与质量都不足,缺乏知名度。因此,"汉语教材需要借鉴其他语言教材编写的经验,以及在教学中广受欢迎的教材的长处,并在此基础上进行创新"。在参考其他语言教材的同时,结合日常生活情境,融入中国的传统元素,打造出一套具有高质量、高知名度的"中国风"与国际化相结合的教材。

4.丰富网络学习资源

利用互联网和多媒体,加快电子版教材的编写、网上高质量授课的录制,丰富汉语学习资源的形式与种类,对于汉语教学来说也同样迫在眉睫。传统的授课形式是教师面对面地向学生讲解,学生利用书本上有限的知识和练习进行操练。在线汉语学习形式则突破了传统课堂和纸质教材的局限,结合当代信息技术,以动画、影视等多种形式,给汉语学习者提供丰富多样的创新课程,以及更为直观的学习感受。学习者不用受时间和地点的限制,可以在线有选择性地学习。孔子学院还可以利用手机的便捷性,开发多样的汉语学习小程序和软件,以增加学习者的学习兴趣。

5.选取优秀文学作品作为汉语教材和课外读物

教材不应仅仅局限于编写的课本,我国大量的经典文学作品,如《诗经》《史记》《朝花夕拾》等都可以用作汉语学习教材和课外读本。孔子学院应当针对不同年龄、不同水平、不同文化背景的汉语学习者,有计划地、有选择性地、高质量地翻译经典的文学作品,推出多样化、有针对性的教材和课外读物,从而为广大汉语爱好者提供更多地道的汉语学习材料。

(四)汉语知识技能型教法向智慧型教法转变

目前的汉语教学,大多是以操练语言点为主,侧重于汉语知识和语言交流技能的训练。除了这种教法外,汉语教师可以向智慧型教法转变。

1.了解和满足学习者的真实需求

针对海外汉语学习者的不同需求,汉语教师应该有针对性地分班教学。以学习者的学习需求为主体,结合学习者的年龄和学习水平,汉语教师应采取不同的教学模式、教学理念、教学策略,满足学生的学习需求,激发学生的学习动机,引导学习者有目的地、有兴趣地学习。

2.创设生活情境,采取灵活教法

汉语教师应根据学习者的真实需求,将教材的内容与生活实际密切结合起来,打破传统的授课模式,创设生活情境,让课堂成为生动、活泼、有趣的生活缩影,采取灵活的教学方法,创新操练形式,提升学习者对汉语的理解和应用能力。

3.与现代化信息技术相结合

围绕汉语学习,汉语教师可以将现代化信息技术引进教学中,对学习者的学习水平和学习特点进行科学准确的测评、分析,得到有效的反馈,进而开展有针对性的教学,提高教学效率。利用现代化信息技术的多元化模式,如课堂讲授模式、远程学习模式,指导学生在线随时随地学习和操练。同时,教师可利用互联网和多媒体上丰富有趣的教学资源,进行导入、讲解和操练,并设置多样有趣的教学任务,吸引学习者的兴趣,提升汉语教学的趣味性。

4.关注学习者文化底蕴的学习

汉语教学不能仅停留在语言知识点的学习和操练上,也应关注学习者文化底蕴的提升。汉语教师应有计划、有目的地对中华文化进行讲解和拓展延伸,结合"沉浸式"教学法、演示法、实践活动法等,通过引导学习者对汉语知识的理解、中华工艺的实地考察、中华武术的学习等,理解中华文化的内涵,提升文化素质,丰富自身的文化底蕴与内涵。

(五)文化创生路径

1.坚持文化自信

在尊重其他国家文化的同时,汉语教师应坚持中国的文化立场,坚持文化自信,采用"浸入式"教学,在海外传播中华文化。在海外教学时,除了日常的教学工作,汉语教师在课余时间要开展适当的文化活动以辅助教学;利用丰富多彩的中华文化,让汉语学习者对中华文化产生兴趣,减轻他们的畏难情绪。如每月开展一次文化活动,举办书法比赛、中国画绘画大赛、茶艺讲座等。

开展文化活动时,要结合学生的特点。如泰国、印度尼西亚等东南亚国家的汉语学习者动手能力强,可以多举办一些具有实践性的活动,以调动学习者的积极参与性。润物细无声的"浸入式"汉语教学能对学习者产生潜移默化的作用。

2.利用信息技术,将中外文化结合

我国有许多饱含中国元素的公益广告、文化旅游宣传片、公益漫画等。如用可爱的中国娃娃来讲解社会主义核心价值观,比生硬的语言更吸引观众的注意力;多年前的两则公益广告中的"妈妈洗脚"和"他虽然忘记了世界,但是却没忘记你"更是深刻诠释了孝道和父爱的含义,观众至今仍记忆深刻。孔子学院可选取国外优良的文化风俗作为素材,结合传统的中国元素,如水墨画、书法、功夫,利用信息技术,制作成视频、图片、沙画、漫画等形式,用汉语进行阐释。中外文化相互碰撞,在传播当地文化和正能量时,也能达到吸引学习者的目的。

3.研发具有中华特色的益智游戏

20世纪80年代发明的俄罗斯方块游戏仍风靡至今,其变形游戏也同样受到青少年的追捧。中华文化博大精深,优秀传统文化还有很多待开发的空间。孔子学院可以将中华文化和科技结合起来,研发一些适合不同年龄阶段学生的益智游戏。如密室逃脱,每个关卡分别代表一个朝代,汉语学习者完成任务,通过关卡的同时,也能领略到不同的中华文化,了解中华历史。这类型的游戏既可以面向海外的汉语学习者,也可以面向国内的青少年,加强他们对中华文化的热爱和爱国主义情感的培养。

4.开发高质量的影视资源

借鉴英语和日语的学习资源研发模式,结合汉语学习者的年龄、汉语水平和文化背景,深入挖掘中华文化,拍摄高质量的影视资源、动漫、短视频等,为汉语学习者提供一个真实的语言学习环境,减轻学习者语法学习的畏难心理,让学习者更加灵活地运用汉语交流并且深入了解地道的中华文化。

孔子学院的汉语国际教育事业虽遇到诸多问题,但是整体还是朝着乐观、积极、向上的方向发展。随着中国国际地位的日益提升、世界全球化的逐渐发展以及现代信息技术的不断更新,"汉语热"必将继续增温,汉语国际教育事业的困境将得到不断完善与优化,孔子学院也将迎来一个更快的发展阶段。

第二节 美国孔子学院汉语国际教育

美国肯塔基大学孔子学院成立于2010年,2012年度及2014年度两度获得全球先进孔子学院殊荣,并于2015年成为全球示范孔子学院。该院以多管齐下的发展模式、丰富多彩的文化活动、频繁深入的学术交流著称,其活跃度在世界范围的孔子学院中数一数二。作为中美文化交流的桥梁,肯塔基大学孔子学院一直致力于面向当地大学生、中小学生以及社区居民的汉语言与中国文化的教学和推广,促进中国文化传播与交流,因地制宜、灵活多样的推广策略取得了良好的教学效果,不但获得了肯塔基大学、当地K-12中小学教育系统、各类文化机构和社区组织的大力支持与好评,也获得了国家汉办孔子学院总部的嘉奖。本节将以笔者的个人教学与文化推广经历为基础,对美国肯塔基大学孔子学院的汉语言文化推广策略进行梳理研究,以期对其他美国孔子学院及海外汉语言文化推广有所借鉴和启发。

一、肯塔基大学孔子学院汉语国际教育与汉语文化推广

根据当地的汉语言与文化教学形势,肯塔基大学孔子学院在肯塔基大学、K-12中小学、当地社区三个层面,三管齐下,在不威胁其他汉语言文化教学机构生源与影响的前提下,因地制宜、灵活机动地开展

汉语言文化推广工作。凭借对本土文化的熟悉与尊重,获得了合作机构与组织的信任和支持;凭借自身过硬的师资力量和文化资源,扩大孔子学院在当地汉语与文化教学领域的影响和地位。

(一)融入肯塔基大学——肯塔基大学孔子学院的立院根本

1.尊重美国高校文化,循序渐进,谋求理解

肯塔基大学是肯塔基大学孔子学院的外方合作大学。肯塔基大学校长 Eli Capilouto 非常重视与中国的合作交流,支持孔子学院的工作,为肯塔基大学孔子学院的发展奠定了非常扎实的基础。而取得肯塔基大学重量级教授的理解和支持,让肯塔基大学孔子学院能争取到稳定的生存空间和良好的发展机会。所以在肯塔基大学孔子学院成立伊始,就成立了肯塔基大学孔子学院的顾问委员会,委员由各院系对中国和孔子学院抱有积极或中立态度的重量级学者同时也是校级及各院系的重要行政管理人员组成。这一委员会的设立为肯塔基大学孔子学院赢得了肯塔基大学高层尤其是学术高层的信任和支持。美国大学中学者教授的地位崇高,这一顾问委员会机制体现了肯塔基大学孔子学院对学者的尊重,也体现了肯塔基大学孔子学院对美国高校学术传统的熟悉与尊重。

在肯塔基大学承担学分课的教学工作,是肯塔基大学孔子学院教学能力和学术水平的一个证明,也是孔子学院长期扎根肯塔基大学的重要举措。一开始,肯塔基大学中文系对孔子学院教师承担中文学分课程抱有顾虑。顾虑之一是孔子学院教师会自行选用教材,强推中国意识形态,影响学术自由;顾虑之二是质疑孔子学院教师的教学水平。

肯塔基大学孔子学院采取理解和积极配合的态度,提议循序渐进。2013年8月,孔子学院先选派优秀教师承担其中一门中文学分课程 Chinese301,每周3课时的教学任务,并完全按照中文系对于教材选定、教学内容、课程进度、考核方式等方面的规定执行教学任务,严格遵循肯塔基大学学分课程的教学制度。孔子学院教师的规范教学消

除了中文系个别老师对孔子学院可能会影响学术自由的顾虑。在教学交流会上,孔子学院老师的教学理念和教学水平得到了中文系教师们的一致好评,一学期后,中文系邀请了2名孔子学院的教师教授Chinese302和Chinese402两门课程,每周6学时的教学任务。目前,孔子学院选派的教师承担了汉语101和汉语102这两门学分课,孔子学院教师已成为肯塔基大学汉语学分课程的教学中坚力量。[①]

目前,孔子学院不仅与中文系合作教学,也成为肯塔基大学中文系的重要赞助单位。为了激发肯塔基大学学生学习汉语的热情,肯塔基大学孔子学院从2014年开始以高额奖金吸引肯塔基大学选修中文的学生参加中文演讲比赛,并多次出资赞助肯塔基大学学生参加"汉语桥"美国华盛顿赛区选拔赛,此外,孔子学院还为肯塔基大学学生提供孔子学院奖学金名额以及各类中国夏令营资源等。正是这种尊重美国高校文化、循序渐进、谋求理解的策略,肯塔基大学孔子学院与肯塔基大学中文系的关系日渐融洽,共同致力于肯塔基大学与当地社区的汉语言文化推广。

2.结合美国教育理念,增强服务意识,合作双赢

在美国,"教育是一种服务"的观念深入人心,肯塔基大学孔子学院也怀着强烈的服务意识,开设了面向肯塔基大学师生及全体社区居民的非学分课程包括初中级汉语、太极、书法和中国舞等,为肯塔基大学艺术学院、文理学院、肯塔基大学志愿者结对中心等提供中国语言、书法、绘画、手工等文化示范课,提供HSK考试服务。

美国教育倡导"Learning by Doing",动手操作会让学生对知识点的记忆更深刻。所以孔子学院的汉语教师们积极地把语言教学与文化教学结合在一起,通过中国剪纸学习颜色、数字、形状;通过武术展示与演练学习动词和道家思想;通过模拟面试来学习中国人的社交习惯和职场规则;通过吃年夜饭的小品表演了解中国的年俗文化;通过带

---

①梁吉平,杨佳宇.海外孔子学院课程设置研究:以美国15所孔子学院为例[J].云南师范大学学报(对外汉语教学与研究版),2019,17(02):76-83.

学生去中国餐厅吃饭来了解中国饮食文化；等等。用美国学生易于接受的教学方式来教授汉语和中国文化，一方面收到了良好的教学效果，另一方面也体现了孔子学院教师的教学水平，赢得了美国学生的尊重和喜爱。

肯塔基大学孔子学院还响应美国日益流行的 Dorm is a Living & Learning Center（宿舍也是学习中心）的新型学习理念，在中国新年期间在学生宿舍楼举行中国新春文化讲座等。

肯塔基大学大力推行国际化战略，经常举办各种肯塔基大学国际文化秀活动，如一年一度的新生国际文化节、肯塔基大学学生 Talent Show 等。肯塔基大学孔子学院每次都积极参加，为肯塔基大学学生的国际视野增添不可或缺的中国元素。

孔子学院在肯塔基大学的融入行动向大学的全体师生展示了一个了解和尊重本土文化同时对中国文化充满自信的积极形象，用专业的教学、规范的服务为肯塔基大学的国际化战略添砖加瓦，也用美国知识分子乐见其成的方式推广汉语言文化，为孔子学院国际汉语与中国文化推广事业做出了贡献，真正做到了平等互惠、和谐双赢。以相同的策略，孔子学院在伯利亚学院等大学都成功开设了汉语课程。

（二）融入 K-12 中小学教育体系——肯塔基大学孔子学院工作的重要战果

1.K-12 中小学汉语项目的设立与发展

肯塔基大学的汉语课程由中文系负责，当地社区汉语课程的生源主要由两家华文学校吸收，留给肯塔基大学孔子学院的汉语课程生源主要在 K-12 的中小学汉语项目。对于这一重要的工作领域和突破口，肯塔基大学孔子学院高度重视。

据肯塔基大学孔子学院外方院长修华静（Huajing Maske）介绍，目前在美国 K-12 推广汉语项目正是好时机。由于美国教育经费大幅削减，很多中小学也面临预算缩减的问题，而中国不断增强的经济实力和上升的国际地位使得孔子学院提供的免费汉语项目越来越有吸引力。但要与老牌外语西班牙语项目竞争,在孔子学院汉语教师流动性大的条件下保证汉语项目的质量和延续性,也并非易事。

肯塔基大学孔子学院在当地K-12汉语项目的推广上,成绩骄人。2011年仅开办一年就在Woodford学区5所中小学开设了汉语项目,经过多年的发展,到2016年,已有32所中小学开设肯塔基大学孔子学院K-12中小学汉语项目,参加项目的在读学生已达到1.8万人。如此亮眼的成绩与孔子学院采取了积极有效的推广策略关系密切。

2.融入中小学体系的汉语言文化推广策略

(1)点面结合

要在中小学开设汉语项目,如何向中小学校长推介这一相对陌生的汉语项目,赢得他们的信任与合作非常关键。当时肯塔基大学孔子学院邀请了各中小学校长参加汉语项目推介会,由肯塔基大学孔子学院外方院长修华静(Huajing Maske)博士亲自向附近学区中小学校长推介汉语项目。因修华静博士曾长期在美国高中教授汉语,又在美国高校任教多年,深知中小学外语项目的重点难点以及中小学校长关心的问题,她的解说和宣传观点鲜明,事例翔实,数据清晰,非常具有说服力,不卑不亢的态度既体现了中国欢迎相互交流与理解的友好立场,又给了对方思考与权衡的空间。这样全面撒网之后,部分中小学校长表现出了兴趣,再通过点对点耐心而专业的细致沟通,首批有5所中小学决定开设汉语项目,实现了零的突破。

(2)项目管理本土化

2014年,随着K-12中小学汉语项目的快速发展,出于业务需要,肯塔基大学孔子学院招聘了美国本土员工担任负责K-12中小学汉语项目的副院长,其工作职责为保障已有的汉语项目顺利进行,同时不断拓展新的市场,增加开设汉语项目的学校数量。这一本土副院长职位的设立是汉语项目管理本土化的重要举措,使得孔子学院与本地中小学、本地教育局等相关部门的沟通协调更为顺畅,保障了孔子学院与中小学校长之间及时准确的信息传递、教师的教学质量监督、教师校园生活管理以及签证保险等手续办理的效率,在进行项目拓展时,也更易于得到信任,最大限度地避免语言障碍和文化冲突,大大推动了汉语项目的发展。

(3)沟通机制制度化

从汉语项目建立伊始,肯塔基大学孔子学院就建立了中小学校长工作联席会议制度,定期把已设立汉语项目及有兴趣设立汉语项目的中小学校长召集起来,就目前的项目开展情况进行交谈,取长补短,交流经验教训,也就普遍的困难展开讨论,解决问题。有兴趣的校长有机会向已设立项目的校长咨询意见,作为重要的参考。这一制度让孔子学院与中小学能及时沟通,及时解决问题,帮助新开展项目的校长学习经验,树立信心,少走弯路,就一些普遍存在的问题展开讨论,共商对策,解答了尚处犹豫期校长的困惑,促进其做出决策。事实证明,这一制度对保障汉语项目在各中小学的顺利长期开展起到了巨大作用。

(4)教师培训常规化

汉语项目的顺利开展,必须有高素质师资的保证。来到孔子学院工作的汉语教师们虽然都通过了院长的面试,也经过了孔子学院的教师培训,但离实际上岗的要求还有一定距离。每次新进教师上岗前,肯塔基大学孔子学院都会组织为期三天的岗前培训。三天中,特邀的资深专家和教师们会举办关于美国校园文化、美国课堂管理、《肯塔基世界语言标准》、汉语授课大纲的撰写与操作等非常实用的讲座,帮助教师们快速了解工作环境和学生特点以及汉语教学的本土要求。除了岗前培训之外,肯塔基大学孔子学院每个月都会举行一次时长6~7小时的岗中培训,请来各路专家学者和资深外语教师为大家作讲座,内容广泛又实用,从语言课堂游戏到外语水平等级标准,从如何讲授中国唐诗到学习汉语对美国孩子的终身影响。此类培训一般都是理论与实际相结合，穿插着丰富的课堂活动。学员们通过这些活动，不但亲身体验了专家所授的专业知识，同时也学习到了更多的课堂活动方法。

定期的高质量岗中培训从理论到实际，手把手地教会汉语教师们如何在所在学校做好课堂管理，组织课堂教学，开展文化活动，融入美国校园生活，帮助汉语教师们尽快适应美国中小学教育系统，掌握各种高招，开展高水平的教学。重视汉语教师的培训，提高了教师的教学能力和跨文化交际能力，也帮助教师树立了重视教学、重视专业素质的职业意识，只有保证教师的综合素质，才能使汉语项目持久地开展下去。

(5)文化活动灵活多样

不论有没有汉语项目，肯塔基大学孔子学院的文化小分队都可以受邀前往当地的中小学校，开展文化展示活动。根据学校的活动性质、场地条件，肯塔基大学孔子学院会灵活地进行调整，开展适合的文化项目，提供合适的道具资源。肯塔基大学孔子学院可以提供的文化展示项目有中国书法、中国画、茶艺表演、古筝演奏、马头琴演奏、呼麦表演、中国武术、中国舞蹈、抖空竹、绘制京剧脸谱、踢毽子、筷子游戏甚至包饺子、煮汤圆等。既可以进行舞台上的正式演出，也可以进行室内外的文化摊位展示；既可以开展体育馆里三四百人的武术或中国音乐示范课，也可以进行几十个人的世界文化俱乐部文体体验活动。肯塔基大学孔子学院的汉语教师大部分多才多艺，可分可合，可以因地制宜，为不同的学校定制不同内容与不同规模的中国文化体验活动或文化示范课程。肯塔基大学孔子学院也会根据每年到任的汉语教师不同的特长开辟新的中国文化活动。在华人不算多、没有唐人街、没有中华城、缺乏中国文化氛围的肯塔基州，丰富多元又有代表性的文化演示和文化体验活动是汉语言文化推广的一大利器。尤其是在中国新年期间，前后两个月时间，肯塔基大学孔子学院平均每周要开展三次中国文化活动，一般来说，最重要的除夕之夜、大年初一和元宵节，肯塔基大学孔子学院的文化小分队都是在忙碌的工作中度过的。

（6）汉语言文化推广多层次化

除了常规的汉语项目之外，肯塔基大学孔子学院也在探索从更多层面在中小学进行汉语言文化推广的可能性。首先，肯塔基大学孔子学院从2014年开始举办肯塔基州中小学生汉语比赛，包括汉语演讲与才艺展示两部分。比赛分为华裔组、非华裔小学组和非华裔中学组三个组别，参赛人员包括但不仅限于设立汉语项目的中小学。比赛人数随着开设汉语项目学校的增加而逐年增加，影响越来越大，规模效应日益显现。汉语比赛展示了中小学汉语项目的教学成果、汉语教师的教学水平以及当地中小学生汉语学习的兴趣和热情。

通过亲友观赛，汉语为越来越多的当地家庭所了解和熟悉，而参赛选手的精彩表现也促使越来越多的美国中小学生爱上了汉语，爱上了中国文化，对汉语言文化推广事业是有力的促进。

此外，肯塔基大学孔子学院还为肯塔基州的中小学社会研究课程（Social Studies）教师们提供中国历史、中国思想、中国艺术等方面的培训课程，为中小学艺术教师提供中国画培训课程。培养本土教师对中国文化的熟悉与友好，就是培育汉语言文化推广的种子，通过他们，可以把中国文化播撒到更广阔的土地上。

（三）社区汉语言文化推广——充分依托当地资源，共荣共生

1.与当地华人组织积极合作

肯塔基列克星敦有肯塔基华人协会，肯塔基大学孔子学院与华人协会展开了多方面的合作。肯塔基大学孔子学院每年会举行肯塔基州中小学生中秋绘画与作文比赛，并在华人协会中秋晚会现场进行展示和颁奖。在华人协会的新春晚会上，肯塔基大学孔子学院也会设立中国新春文化摊位，写福字，送春联，还会在新春晚会上选送节目，是新春晚会的赞助单位之一。

列克星敦当地有一个中国民间艺术团体"牡丹红",肯塔基大学孔子学院与其合作,连续两年(2014、2015年)在肯塔基大学艺术中心演出汉服秀,服装华丽精致,音乐舞蹈优美动人,高质量的演出传递出中国的古音雅韵,屡屡引起轰动,盛况空前。关于汉服秀的新闻报道还一度登上了国家汉办孔子学院中心微信的头条推介。

孔子学院与当地华人组织的合作可以强强联手,资源共享,取得良好的宣传效果。

2.与当地各社会机构与组织合作

肯塔基大学孔子学院与当地的列克星敦公立图书馆、卡内基艺术厅、赛马博物馆、儿童博物馆等都有良好的合作关系。肯塔基大学孔子学院在当地各类社会场馆举办过多次中国历史、文化、艺术展和各类中国文化体验活动。

二、肯塔基大学孔子学院汉语国际教育推广策略的优化方案

随着国内外形势的变化,肯塔基大学孔子学院也要与时俱进,以求在新形势新格局下依然保持强劲的发展势头。

(一)提升文化体验项目的内涵和深度

目前肯塔基大学孔子学院提供的文化演示和体验项目种类丰富,领域广泛,但大多停留在较为表面的层次,如品尝中国食物、学习书法绘画、听听中国音乐、看看中国武术等。这些只是初级的看热闹的阶段,要把汉语言文化推广做深入做持久,就不能限于低水平的重复,而是要为当地居民尤其是中小学生开发深浅得当、趣味性强,便于操作和理解,又能体现中国文化内涵和深度的文化项目。

(二)完善汉语教师教学质量评估与考核制度

目前,肯塔基大学孔子学院初步形成了教师培训、副院长听课评估、YCT汉语模拟考试、汉语竞赛等一系列保证教师教学质量的培训、评估与考核手段,但还未形成一套严密规范的体系。在今后的发展

中,教学质量评估与考核制度将是需要重点完善的项目。

(三)促进当地中国研究的学术水平

促进中美高校之间关于中国研究方面的高水平学术交流,促进美国学术界在中国研究领域的发展。

(四)寻找和开发当地更多的资源,寻找更多的合作平台与机会

利用已有的品牌效应,吸引更多当地的潜在合作对象,寻求更多层面更多方式的合作共赢。

(五)大力培养本土师资

一直以来,肯塔基大学孔子学院的主力教师都是孔子学院公派教师及志愿者,任期为1~3年,流动性较大,带来比较大的内部人员消耗,影响项目的延续性。为了增加项目的稳定性和可靠性,肯塔基大学孔子学院应大力发展本土师资,选拔培养可长期为孔子学院工作的本土教师。

(六)充分利用互联网技术

充分利用微信、微博、Facebook、Twitter等网络社交平台,在"互联网+"时代,运用青少年的话语方式和信息获取方式进行汉语言文化推广。

美国肯塔基大学孔子学院自2010年成立以来,一直走在全球孔子学院建设的前列,创造了令人振奋的佳绩,总结经验,展望未来,希望有更多的孔子学院也能借鉴其成功经验,在"一带一路"的新格局新契机下,走出成功之路。

第三节 英国孔子学院汉语国际教育

孔子学院作为语言推广机构成立已有十余年时间,英国作为欧洲

孔子学院数量最多的国家,其孔子学院的发展也面临一些困境。本节试从文化的视角分析英国孔子学院汉语国际教育的发展,以期对孔子学院的发展有所裨益。

一、英国孔子学院的发展现状

欧洲的孔子学院以187所的数量位居各大洲之首。英国作为欧洲政治经济最为核心的国家之一,更是以30所孔子学院,111个孔子课堂的数量成为欧洲孔子学院建设之最、世界第二。而欧洲孔子学院数量排名第二的德国、俄罗斯及法国才各有18到19所孔子学院,3到4个孔子课堂,英国孔子学院发展状况在欧洲的重要性显而易见。

2005年英国第一所孔子学院——伦敦孔子学院建立以来,除去2009年和2014年以外,孔子学院在英国的数量一直保持间隔式的稳定增长趋势,英国80%左右的大学和约20%的中学都开设了不同形式的汉语课程。

除去个别年份外,孔子学院在英国每年都保持2~5所较为稳定的数量增长,而且在时间上呈现一种间歇式的稳定状态,即经过一两年的短暂停滞后又会重新恢复以前的增长模式。

数量上的稳定增长是孔子学院在英国发展成果的一种体现,而英国媒体的广泛关注也是"孔子学院热度"的一种写照。[①]

从统计状况来看,自2006年尤其是2010年以来,英国广播公司每年对孔子学院的报道都保持在5篇以上,而且报道的数量呈现逐年上升的趋势,2012、2014年两年更是达到了10篇。BBC作为英国最大的新闻广播机构,其关注度也在一定程度上代表了孔子学院在英国的受重视程度。

孔子学院在英国的发展除了获得了增长数量上及社会关注度的成就之外,在开办种类上也很具有多样性。全球第一所商务孔子学

[①] 袁志高. 伦敦孔子学院汉语水平考试推广情况调查研究[D]. 北京:北京外国语大学,2017.

院、第一所中医孔子学院等专业孔子学院也都建在英国伦敦。

二、英国孔子学院汉语国际教育教学概况

自2005年由伦敦大学亚非学院与北京外国语大学合作成立英国第一家孔子学院以后,经过十多年发展,孔子学院已经成为英国汉语教学发展的重要推动力量。同时,在英三大皇家领地(根西岛、泽西岛和马恩岛)都设有汉语教学机构和人员。

不同孔子学院有不同的汉语教学任务,目前在英国针对中小学的孔子课堂中,很多学校由于GCSE课程的设置,英国政府要求中学必须开设两门外语课,而汉语便成了学生选择学习第二外语的课程之一,其主要的任务是通过YCT(中小学生汉语考试),GCSE测试(英国中学会考),A—LEVEL(英国高考)测试。根据英国文化协会的最新统计,在GCSE和A—LEVEL的考试中,选择汉语普通话考试的人数仅次于法德西三种语言,是非拉丁语语系中最受欢迎的语言。英国中小学关于汉语的教学主要体现在:一是以学生为中心,二是促进学习推进教学为目标。

除此之外,很多孔子学院和其合作的高校共同开设了中文相关专业,如谢菲尔德大学和谢菲尔德孔子学院合作,开设了专门的中文BA课程。孔子学院的中文课程除了针对在校的大学生学习以外,还有很多想要学习汉语的社会人员到孔子学院来学习。对于成年人的教学上,由于他们学习汉语都有很强的目的性,比如考HSK,HSKK,想去中国工作等,因此在教学上教师针对性更强。

(一)金史密斯孔子学院汉语教学概况

金史密斯孔子学院,正式启动运行时间是2011年12月28日,是和伦敦大学金史密斯学院合作办学的一所孔子学院,是全球第一所以艺术表演和文化传播为主旨的孔子学院,属于该大学的一个独立部门,招收汉语专业BA学生,开设汉语专业课程。同时也是伦敦第一家设立HSK网上考点的孔子学院。在2017年度末荣获"全球先进孔子学

院"称号。该孔子学院有五位汉语公派老师,所有汉语老师都是国内高校语言学相关专业的教师,同时还有五位汉语教师志愿者。

除了开设BA(Bachelor of Arts的缩写,指学习文学类的本科生)学生汉语专业课以外,该院还开设了周末YCT班(针对青少年学生)、大学汉语选修课(针对在校非汉语专业大学生)、HSK短期课程(针对成年人)和商务汉语(针对成年人),汉语教师志愿者还会到中小学课堂进行相应的汉语教学。汉语公派教师的主要任务就是给汉语专业的本科学生上课,而汉语教师志愿者的主要工作就是上HSK课程,大学汉语的学分课程,以及周末YCT课程。金史密斯孔子学院在教材的选择上,主要是使用国家汉办给予的赠书,主要包括《快乐汉语》《新实用汉语课本》《HSK标准教程》《长城汉语》这几本书。该孔子学院汉语教师志愿者授课的对象小到十岁的学生,大到40多岁的成年人都有。

(二)英国孔子学院汉语国际教育反思

在对外汉语教学中,汉语教师们都需要了解当地的学习风格以及学校的教学模式,根据当地的特点进行合理有效且严格的课堂管理,能够灵活处理课堂突发状况,保证教学质量。

在面对青少年学生课堂问题行为时,汉语教师要学会灵活处理,规范青少年学生的课堂行为,做到该严格时严格,不能听之任之,一味的妥协于学生,同时也需要吸取当地教师的管理经验,建立良好的课堂氛围,从而降低学生课堂问题行为,确保教学内容的有序开展。因此为了减少课堂学生问题行为的出现,笔者有以下几点建议。

在课堂管理上,首先孔子学院需要对到岗的汉语教师进行课前培训。岗前培训是孔子学院开展汉语教学重要的一步,除了教师一般的专业知识技能的培训外,更重要的是要让教师尽快地了解当地的学校模式,教学风格,教学特点等,让教师做到心中有数,同时也要让教师尽快了解当地的风俗民情,只有让汉语教师在上课前了解清楚当地的整体情况,才能使汉语教学顺利开展。

其次汉语教师在第一堂课时就需要建立课堂规则,奖惩分明,做到绝对的公平,让学生从一开始就遵守课堂纪律,让学生和老师能够懂得尊重彼此,促进师生氛围更加融洽,减低课堂问题行为的发生,从而更好的完成汉语教学进度,提高汉语教学质量。

对外汉语教师需要提高教学认识,教学不仅传递的是汉语知识和中国文化,同时也是在规范学生的行为,特别是在青少年汉语教学的过程中教师要注意到,青少年由于身心正处于发育期,他们的认识还很片面,因此在课堂上要帮助学生规范行为,减少课堂问题行为的发生,培养他们良好的学习习惯。

第四节 加拿大孔子学院汉语国际教育

一、加拿大孔子学院汉语国际教育效能

(一)课程设置体系化

加拿大各孔子学院的课程设置较为成体系化。加拿大各孔子学院的课程设置还是较为完备,语言课和文化体验课双管齐下。一般来说,加拿大各孔子学院都会根据学员的报名需求,做好规划工作。针对成年人的已有基础,会将语言课程分成分为初、中、高三阶,每阶段下都有详细的级别区分。同理,青少年学员的语言课程也如此。总之,孔子学院语言课程覆盖受众也从中小学生、到大学生或成人,以及针对性的商务人士。这种详细区分一则针对各年龄段或经验段的学生具体情况,二则也是对标YCT和HSK考试的相应级别。文化课层面文化体验课或工作坊设计的内容也呈现多样化。当然,并不意味着每所孔子学院开展的活动都一模一样,各孔子学院有自己专门的特色。相同性方面,各孔子学院大都会涉猎类似书法、绘画或太极,这三类已

近乎等同于加拿大孔子学院的文化体验通识课。从这个意义上说,这三类文化课的师资没有问题。特色性方面,像中国绘画、中医相关和剪纸手工等课程可能会根据各孔子学院的师资配备的具体情况来开展。但此类课程方面的师资人才就较为紧缺,课程也是较有难度,故只能在个别院校开设。另外部分孔子学院也聘任了外籍教师任教。例如圣玛丽大学孔子学院,卡尔顿大学孔子学院,高贵林孔子学院,不列颠哥伦比亚理工大学孔子学院,滑铁卢大学孔子学院,圣玛丽大学孔子学院和里贾德大学孔子学院有雇佣外籍(含华裔)员工。

(二)活动开展丰富化

加拿大各孔子学院的活动开展也是较为丰富化。首先,中国的传统节日诸如春节、元宵、端午和中秋等传统节日孔子学院都会开展一系列的活动,当然还包括孔子学院全球日和孔子学院周年纪念活动。在这些活动中,孔子学院会邀请外国民众进行参与和共同庆祝。各孔子学院或孔子课堂都会参与东道主大学某节日的活动、当地小学文化节活动,当地省市特色节日活动或圣诞节活动,但仅为个别院校。其次,孔子学院会与当地华人社团联合开展活动,并与当地华文学校联合开展活动。再次,孔子学院的活动有到当地社区或市中心展开,但多数以展台、舞龙舞狮表演和中国烹饪交流为主。此外,孔子学院会邀请中国艺术家和加拿大籍的居民或华裔人士到孔子学院开展活动。为促进加拿大民众对当代中国的了解,个别孔子学院会开展当代中国系列、中国文化系列、文化比较方面的讲座及学术会议,但需要指出的是,举办此类活动的孔子学院较少。这可能与孔子学院自身的特色定位有关,也反映出一个问题,孔子学院的认知思维需要转变。此外,个别孔子学院积极参与当地的汉语教学大纲的指定。

当前,已经有很多国家将汉语纳入国民教育体系,这也说明汉语在这些国家的地位也得到了官方认可。加拿大部分孔子课堂的汉语课是学分制,部分省区已经将汉语或即将把汉语纳入国民教育体系,例如有孔子课堂的东道主小学就实行英、法和中三语教学。加拿大部分孔子学院会参与到当地汉语教学大纲制定决策中,与当地教育厅官员和中小学校长进行交流。但是部分孔子学院确实为学生提供学分课,但更多的均为非学分课。是否被纳入学分承认课程,严格意义上来说并非孔子学院单方面努力就成,还是要看所在东道主大学及各省市教育局的教学规划及要求。①

孔子学院是中外高校共建,严格意义上来说既属于孔子学院总部在全球的分校,又隶属于外方高校的单位。因此,在很多决策问题上其独立性受到一定约束。通常孔子学院想要开展活动,需要外方院校进行审批。因为作为外方院校的附属单位,孔子学院出去开展活动是以外方院校的名义。另外,某些活动可能审批权限已经超越外方院校,可能需要当地政府机构进行获批才可。加之孔子学院本身的中国元素身份,可能审批的时间会很长,甚至需要中方驻加拿大使领馆出面沟通和协调。很多中方院长已经竭尽所能,甚至会出动个人的人际关系来促成部分活动的开展。因此,从这个意义上来说,我们应该对孔子学院的努力给予肯定。

(三)文化体验专业化

根据网站信息摘录、实地考察以及与中外方院长访谈,笔者整理汇总了加拿大12所孔子学院的文化体验类课程。加拿大孔子学院的文化类课程设置具有专业性很强的特质。其一,课程设置形式新颖多样。加拿大孔子学院的文化体验课程不仅仅局限于知识传授的课堂授课形式。经汇总分析,12所孔子学院在文化体验类课程中,分别采用了讲座、沙龙、互换体验、比赛、联欢会、夏令营、展览、研讨、户外拓展等十几种授课形式。充分利用多媒体(图片、视频、AR技术等)和互动参与教学模式,让学员们有更多体验感,传播影响力及课堂氛围更好。其二,课程师资专业化程度高。根据问卷及访谈结果,加拿大孔

---

①王端.文化外交视阈下的孔子学院研究——以加拿大孔子学院为例[D].长春:吉林大学,2019.

子学院工作人员大多本身具有一门中华才艺,派出前又集中参加过国家汉办组织的才艺类课程培训,甚至部分工作人员拥有传统中华才艺(如民族乐器、武术和围棋等)的专业等级证书。孔子学院此类课程的师资配比,在加拿大境内属于领先水平。海外华人对子女才艺特长类教育尤其注重,孔子学院文化体验课的专业程度是吸引生源的一大优势。其三,课程设置区分精细化。其中比较有代表性的案例是我国少数民族文化和地域文化类课程的设置。因为加拿大是一个多民族的移民国家,在世界范围内第一个立法保护少数民族族裔的本土文化。加拿大孔子学院抓住此契机,充分利用该国对少数民族特色传统文化的包容性,分别设置了少数民族文化和地域文化类课程。比如少数民族音乐、方言及节日、民歌民谣、黄梅戏、皮影、民族特色服饰等体验课程,这些课程符合西方社会对东方古国传统而神秘的向往,参与度和课程满意度都很高,也在海外传播了我们少数民族的地域文化。

这种"墙内开花墙外香"的情况,值得国内相关领域专家学者思考,同时也提供了新的思路。

二、增强加拿大孔子学院汉语国际教育效能的建议

(一)新媒体平台需充分利用

现阶段,加拿大各孔子学院尚未充分利用互联网新媒体平台资源。当前世界已经进入互联网时代,这意味着文化传播的渠道也日益丰富。能否紧跟时代趋势,抓住互联网时代的红利,能够反映一国文化外交的战略眼光。当前互联网技术快速发展、各种移动设备的普及,令新媒体的网民数量在短时间内大幅增长。这种巨大的影响力无法令人忽视。新媒体时代的一个不能忽视的现象就是,民众既是传播者、又是接收者,更是发布者,这意味着民众话语权得到前所未有的提升。因此,从这个意义上说无论是官方层面的外交,还是非官方层面的外交,"新媒体+外交"的模式成就了新媒体时代背景下的特殊外交

模式:微外交。在之前对于外交这一领域,民众认为是高高在上、深不可测、触手难及的,在新媒体时代下,每个民众甚至都可以参与到文化外交。从这个角度上看,微外交更符合外交为民的特点。综合来说,新媒体平台有利于促进民众之间、政府与民众之间的互动,符合公共外交的特征,体现出全民外交的特点,总之将文化外交的重心尽可能的遍及人民大众中去,国家之间的沟通与文化之间的交流,唯有广大公众深度参与其中,这样文化外交才能发挥更大的作用。

(二)互动交流仍需逐步增强

根据网站信息摘录、实地考察以及与中外方院长访谈,发现现阶段加拿大孔子学院活动更多的是以自我推广为目的,宣传色彩依旧较浓。孔子学院的很多活动更多的体现是以"我"为中心,而不是"我们",很多情况下是比较明显的单向输出,而非互动交流。当然这并不意味着孔子学院所有的活动都是单向输出,但是一旦单向输出就较为明显的体现出宣传意味。例如,很多时候,加拿大孔子学院都会体现出"我举办"了什么类型的活动,而非"我参与"了哪些他人举办的活动。另外认知不懂转变,仅以中国传统节日或孔子学院日庆祝为主。加拿大有很多的节日,例如7月1日的加拿大日、3月13日的圣帕特里克节日、5月9日的郁金香节、5月25日之前的星期一的维多利亚女王节、6月24日魁北克节、10月第二个周一的感恩节、12月25日的圣诞节。除此之外,还有班夫艺术节、斯特拉福德节日、几耳夫春节、卡瑞巴纳嘉年华、萧伯纳纪念日、国际爵士节、奥佛饰音乐节、米洛米奇民俗音乐节等。在上述节日中,会有个别孔子学院参与进去,但此类情况并不普遍。很多活动庆祝在中国传统节日这无可厚非,但是为什么不在西方的节日里也参与活动呢?从这个意义上说,交流缺少"你来我往",即自己节日别人捧场,别人节日自己置若罔闻,这不能称之为双向交流。另外,孔子学院应该充分利用加拿大民族包容政策及当地华人基数较大的先天优势,扩大与当地社区(尤其是华人社区)的交流范围与频率。可采用先期作为志愿者参与当地活动,建立互信与良好关系,逐步做到联合举办活动进而邀请对方参与我方活动。并可借助华人社区语言共同、习俗相近的特质,通过其作为桥梁,逐渐与西方社区建立联系,完成破冰期。

(三)外交能力培训需加大力度

世界各国孔子学院的中方院长、外派教师及海外志愿者在派出前,都会参加孔子学院总部组织的时长6周左右培训。收集到近3年的院长培训和近5年的志愿者培训课程表,培训内容涵盖制度介绍、优秀案例推广、业务交流、各类才艺培训、预算编制、活动组织与策划等等。但其中缺乏对外交能力提升培训、派出国的文化与国情介绍以及当代外交形势等内容的培训或者讲座。在孔子学院工作人员的具体工作中,他们也意识到了缺乏外交沟通谈判能力这一短板给他们带来的不便和困扰。孔子学院工作人员在承担汉语推广和中国文化传播工作的同时,也应肩负着树立我国良好对外形象的使命。给孔子学院工作人员提供一些外交能力提升的培训,帮助他们对国际事务和中国外交系统有一定的了解,具有基本的交际和谈判能力,能够把握国家利益,掌握各项政策,对其在政治、业务、作风、纪律和语言方面等综合素质的提高大有裨益。进而对孔子学院在海外的顺利开展、加强与外方合作院校的沟通合作以及树立良好国家形象均有所帮助。外交学院对外培训中心和北京外国语大学联合国与国际组织研究中心现均开设外交能力培训提升方面的课程,建议国家汉办可将中方院长派往类似机构进修或者聘请联合国官员、重要国际组织负责人、现任/卸任外交官、欧盟代表团官员或者高水平的政治学家、经济学家和科学家等进行授课。

(四)流行文化教育需与时俱进

加拿大孔子学院在中华文化海外传播的过程中,缺少当代中国知识和流行文化的推广,更多的是高雅文化。从加拿大孔子学院透视全球孔子学院,都存在共同的问题:现在宣传和介绍的很多内容,其实更倾向于中国的高雅文化而非流行文化。以书法为例,加拿大的很多孔子学院都开设书法的文化体验课。书法是软笔,是中国古代日常生活所选择的记录方式。我们这里并不否认书法的文化价值,而是从另外一个角度思考为什么更多强调的是软笔,而忽略硬笔。其实,直至今日国内能够写好软笔书法的民众也是需要经过长年累积的训练,因为它具备一定的难度。在文化体验课那短暂的时间里,软笔书法的新奇会给学员带来很大的新鲜感,但课程结束之后持续的影响力又该如何体现。一个我们无法否认的现实是,当前全世界民众的一个共同书写习惯,就是几乎都是以硬笔为主。以中国舞蹈为例,宣传和介绍中国舞这没有错,但是这思维依然停留在宣传展示层面,而不是交流。中国不仅有中国特色的民族舞,还有现代舞、国标舞和街舞。中国的街舞国家队在世界街舞大赛之中也取得过辉煌的成绩,实力不容小觑。此外,现有认知的中方院长和志愿者老师,在课堂上对当代中国情况的介绍是否充分是值得商榷的。比如中国的手机支付全球领先,这已经成为一种文化。还有一些针对中国对外政策的介绍,还是应该请更多的专业人士来介绍。

第五节 韩国孔子学院汉语国际教育

截至2019年12月31日,全球162个国家和地区已开设541所孔子学院,亚洲39个国家和地区设有135所。其中,世界上首家孔子学院的诞生地韩国设有23所,是开办数量最多的亚洲国家。韩国孔子学院的快速发展对我国的语言及文化在韩国的传播做出了不可磨灭的贡献。但在经历了高速发展的阶段后,韩国孔子学院在教学内容、师资队伍、教学模式等方面暴露出一些问题,部分孔子学院甚至进入了发展瓶颈期,其文化传播窗口的作用被削弱。本节着重对韩国孔子学院的汉语国际文化教育现状及问题进行剖析,并结合韩国的具体情况,探索新时代下有效传播中国文化的途径和方法,使孔子学院的文化教育从真正意义上实现内涵式发展。

不同于其他国家,在韩国,大部分人选择在孔子学院学习汉语均出于考取HSK资格证、就业等较为现实的目的。因此,韩国孔子学院多倾向于纯汉语语言教学,体系化、深层次的文化教育明显不足。这主要表现在文化相关内容不足、教材开发滞后、师资力量薄弱、办学模式单一等方面。综合来看,韩国孔子学院的内涵发展仍需质的转变和提高。

一、文化教育环节薄弱,教材开发及相关课程设置迫在眉睫

调查结果显示,韩国的大部分孔子学院自设立以来,基本遵循着以语言教学为中心的模式。而文化方面的内容虽均有所涉及,但仅仅停留在饮食、服装、旅行等较为浅显的层面上。此外,各处学院的文化教育内容缺乏一致性、规范性和全面性,中国文化博大精深,很难系统立体地向海外学生展示出来。[①]

若要解决这个问题,首先要在相关部门的统一部署下制定规范化、标准化的文化教育体系、教学纲要及教学内容,并以此为基础编写一套具有广泛应用性的教材。教材内容除了要涉及基本文化要素之外,还要有与中国在全球形象提高紧密相关的内容,尤其要有当代的文化内容,力求内容简单易懂,同时注重趣味性,并开发与之配套的文化教育课程,增加韩国民众对现当代中国的亲近感。

二、师资队伍建设亟待完善,亟须探索新形势下的人才培养模式

目前孔子学院的师资来源主要有国家汉办派遣的中方交流教师、在韩中国留学生及汉语教师志愿者等。交流教师虽经验丰富、专业素

---

①窦晓静. 韩国孔子学院教学模式研究[D]. 济南:山东大学,2013.

养高,但人数明显不足,且多为轮换制。中国留学生多为韩语专业出身,便于进行母语授课及交流,但文化背景知识欠缺。志愿者多具有对外汉语教学背景,虽专业对口,但多为合同制,流动性过强,不利于教学长期稳定发展。

就目前来看,我们需要重视师资队伍专业素质的提高和全面知识结构的培养问题,迫切需要培养一批专业水平高的教师队伍,他们既要有扎实的专业基础,又要深谙韩国当地社会文化状况。此外,师资队伍的建设还需要建立中长期的战略。具体来讲,可以构建高层次、高质量的教师培养体系,从国内招募对外汉语、汉语国际教育专业毕业生,派遣到韩国后对其进行韩语培训。另外,也可以对在韩攻读韩国学、语言、文化等专业硕士以上学位的中国留学生进行对外汉语教育培训,双管齐下,全面提高教师队伍的专业素质。

同时,加强本土教师的队伍建设。若各地孔子学院可以因地制宜,实行招聘韩国籍教师的新政策,势必会优化教师队伍。

三、文化交流、传播活动的多样性有待提高,受众面有待扩大

为了提高孔子学院在韩国社会中的知名度和影响力,应举行多种形式的文化交流活动,如汉语演讲大赛、美食烹饪大赛、书法大赛、音乐秀等。当然,目前部分学院已或多或少地开始了这方面的尝试,但还有很大的提升空间,尤其是针对现当代中国社会文化的专题讲座、与韩方院校合作举办专题研讨会等形式均为不错的选择。孔子学院还应与当地中小学联合开设汉语课堂或文化兴趣课堂。此外,还可以积极与当地政府教育部门、社会团体组织等密切沟通,举办面向市民的汉语教学活动,扩大文化传播受众面。

另外,目前韩国的孔子学院大都各自为政,相互交流合作不足。为充分发挥地方合作优势,提高区域间交互性的文化影响力,位置邻近的孔子学院可以优势互补,共同开办文化活动,探索线下线上的多种合作渠道。

在中国文化"走出去"的新时代传播理念的指导下,韩国孔子学院现行的文化教育应紧跟时代步伐,力求实现全方位内涵发展,充分发挥平台优势,进行有效、广泛且具有影响力的深度文化传播,从根本上为提高我国文化软实力做出贡献。

参考文献 REFERENCES

[1] 崔倩. 传播学视域下汉语国际教育传播媒介研究[D]. 济南:山东大学,2016.

[2] 代偲. 传播学视域下汉语国际教育传播者研究[D]. 济南:山东大学,2018.

[3] 窦晓静. 韩国孔子学院教学模式研究[D]. 济南:山东大学,2013.

[4] 傅其林,邓时忠,甘瑞瑗,等. 汉语国际教育导论[M]. 重庆:重庆大学出版社,2015.

[5] 何丽芳. 加拿大学生汉语语音习得与教学[D]. 西安:陕西师范大学,2013.

[6] 冀岚. 从传播学视角看汉语国际教育中中国文化的有效传播[D]. 西安:陕西师范大学,2014.

[7] 李卓. 对文明的冲突的一种传播学阐释[D]. 上海:复旦大学,2012.

[8] 梁吉平,杨佳宇. 海外孔子学院课程设置研究:以美国15所孔子学院为例[J]. 云南师范大学学报(对外汉语教学与研究版),2019,17(02):76-83.

[9] 柳宁. 对外汉语综合教材中的汉语文化词语研究:以博雅汉语为例[D]. 兰州:兰州大学,2016.

[10] 牛骥. 日本留学生汉语是字句习得顺序研究[D]. 成都：西南交通大学, 2014.

[11] 漆凌. 新媒体时代对外汉语教学中的审美教育[D]. 武汉：华中师范大学, 2013.

[12] 史凌薇. 汉语国际教育词汇教学与记忆方法的探索[D]. 太原：山西大学, 2015.

[13] 孙昕. 对外汉语教学中交际文化因素的分析及教学对策研究[D]. 济南：山东师范大学, 2012.

[14] 王端. 文化外交视阈下的孔子学院研究：以加拿大孔子学院为例[D]. 长春：吉林大学, 2019.

[15] 王立新, 刘春兰. 汉语国际教育论集[M]. 天津：南开大学出版社, 2014.

[16] 吴莉. 传播学视阈内的汉语国际教育研究[M]. 长春：东北师范大学出版社, 2018.

[17] 吴应辉. 汉语国际教育面临的若干理论与实践问题[J]. 云南师范大学学报（哲学社会科学版）, 2016(01): 38-46.

[18] 伍艳香, 田野. 跨文化交际视角下的汉语国际教育[J]. 考试与评价（大学英语教研版）, 2018(02): 48-52.

[19] 武娇娇. 跨文化交际能力的培养对对外汉语教学的影响[D]. 天津：天津师范大学, 2016.

[20] 谢叔咏. 传播学视域下汉语国际教育受众分析[D]. 济南：山东大学, 2016.

[21] 徐可. 跨文化交际视角下泰国汉语国际教育研究：以泰东北那空孔敬中学为例[D]. 成都：四川师范大学, 2015.

[22] 姚喜明, 张丹华. 一带一路背景下的汉语国际教育[M]. 上海：上海大学出版社, 2019.

[23] 宇璐. 法国汉语传播研究[D]. 长春：吉林大学, 2019.

[24] 袁毓林, 詹卫东, 施春宏, 等. 汉语词库—构式互动的语法描

写体系及其教学应用[J].语言教学与研究,2014(02):17-25.

[25]袁志高.伦敦孔子学院汉语水平考试推广情况调查研究[D].北京:北京外国语大学,2017.

[26]张羽洁.地域文化在对外汉语教学中的导入研究:以陕西为例[D].西安:西安石油大学,2019.

[27]赵杨.汉语作为第二语言的习得研究四十年[J].国际汉语教育(中英文),2018(04):92-101.

[28]赵跃.孔子学院教育功能研究[D].济南:山东大学,2014.